家庭教育必读丛书

学会陪伴
学会爱

家长学堂

山东省教育科学研究院 组编　　王治芳 主编

1—2岁

山东教育出版社

图书在版编目（CIP）数据

学会陪伴学会爱：家长学堂. 1—2岁 / 王治芳主编 . —济南：山东教育出版社，2020.7（2022.1重印）
（家庭教育必读丛书）
ISBN 978-7-5701-1017-9

Ⅰ . ①学… Ⅱ . ①王… Ⅲ . ①学前儿童 – 家庭教育 – 家长学校 – 教材 Ⅳ . ① G78

中国版本图书馆CIP数据核字（2020）第057302号

JIATING JIAOYU BIDU CONGSHU
XUEHUI PEIBAN XUEHUI AI: JIAZHANG XUETANG
1—2 SUI

家庭教育必读丛书
学会陪伴学会爱：家长学堂
1—2岁
王治芳　主编

主管单位：山东出版传媒股份有限公司
出版发行：山东教育出版社
　　　　　地址：济南市市中区二环南路2066号4区1号　　邮编：250003
　　　　　电话：（0531）82092660　　网址：www.sjs.com.cn
印　　刷：山东新华印务有限公司
版　　次：2020年7月第1版
印　　次：2022年1月第2次印刷
开　　本：710毫米 × 1000毫米　1/16
印　　张：14
印　　数：6001 – 11000
字　　数：220千
定　　价：30.00元

（如印装质量有问题，请与印刷厂联系调换）印厂电话：0534-2671218

前　言

与孩子相遇是美丽的缘分。花开有声，成长有径，处在身心发展关键期的孩子，需要家长精心引导和栽培，为他们提供适宜成长的土壤，在他们的心灵中埋下真善美的种子，助推他们成人成才。

家庭是孩子开启智慧、培养品德、塑造个性的摇篮。家庭教育作为人生教育的起点和基点，对孩子的未来发展有着不可估量的影响。为此，我们依据《全国家庭教育指导大纲（修订）》和《山东省中小学（幼儿园）家长学校课程指南》，研发了家庭教育必读丛书《学会陪伴学会爱：家长学堂》。

本丛书共18册，按照孩子年龄，0—18岁每年一册，按序排列，帮助家长依据孩子身心发展特点提升家庭教育水平。丛书分孩子发展、教养策略、家庭建设和合作共育（3—18岁增设）四个模块，每个模块设定若干主题，每个主题围绕典型案例展开论述。孩子发展指家长在了解孩子身心特点和成长规律的基础上促进其积极发展；教养策略指家长在科学育儿理念指导下，运用家庭教育相关知识养育孩子的方式与方法，含特殊家庭的教养策略；家庭建设指家庭成员的角色认同、家人和谐关系的构建、家庭生活资源的管理、家风家训的传承等；合作共育指家庭、学校、社会协同育人，含家长学校、家委会、社区活动等形式。丛书内容螺旋上升，多维展现不同年龄段孩子发展中的学业适应、情绪管理、行为管理及关系处理等家庭教育常见问题，帮助家长跟随孩子成长的节奏，及时更新知识结构，提供解决实际问题的方法建议。本丛书旨在引导家长树立科学的儿童发展观，发掘孩子的积极品质，培育孩子的探索与专注、依恋与共情、表达与沟通、独立与责任、思维与创造、规则与安全、分享与合作等基本素养，为孩子提供良好的发展资源，使孩子自身蕴藏的潜能得以激发，同时帮助家长与孩子共同成长。

丛书中案例皆来自家庭生活及教学一线，具有代表性。在分析案例的同时，作者团队依据教育学、心理学、家庭学和社会学等理论，提出切实可行的建议。丛书既授人以鱼，又授人以渔，是一套难得的有梯度的科学理论指导和实操应用相结合的教子丛书。

本分册适合1—2岁宝宝的家长阅读。1—2岁是宝宝各方面飞速进步的时期，如果家长不了解这个阶段宝宝的成长规律及其行为特点的话，就不能给宝宝提供必要而科学的支持，将会影响宝宝各方面的发展。本分册介绍了适合1—2岁宝宝的家庭教育方法和先进理念，案例皆来自生活和教学中的真实案例，具有普遍性。在分析案例的同时，作者依据教育学、心理学、家庭学和社会学等理论，提出切实可行的建议。本分册将通俗易懂的理念和便于落地的策略结合，满载着教育的深情和智慧，具有较强的科学性、指导性和可操作性。

本丛书是山东省家校共育课程建设团队集体智慧的结晶，由教育科研部门、中小学、幼儿园和高校相关人员撰写，并经过多轮课程实验及专业人员审校。

本丛书由山东省教育科学研究院研究员王治芳策划主编，刘立新、徐继存、孙家齐等任副主编。本分册由王玉洁任主编，吴燕、赵倩倩任副主编。主要编写人员有王玉洁、吴燕、吴国慧、修玉玲、郑非非、刘芳、李国红、李晓芳，另有刘启凡、李奕、张洁、魏淑华等参与编写。王治芳、王玉洁、赵倩倩等修改统稿。

本丛书在编写过程中，得到省内外相关专家的指导与帮助，在此一并致谢！

目录

第二篇 教养策略

第三篇　家庭建设

　　宝宝12个月以后最重要的变化就是逐渐学会独立行走，这不仅给宝宝的行动带来极大的自由，更为宝宝的眼界和认知打开了广阔的天地。1—2岁是宝宝自主性发展的关键时期，宝宝不再满足于被动地任由家长"摆布"，宝宝要用自己的耳、眼、口、鼻、躯干和四肢做自己想做的任何事情，宝宝甚至想用自己的表情、动作和声音来"左右"照看自己的人，此刻的宝宝就像一棵破土而出的小苗一样，尽情地从周围的一切吸收为其所用的各种能量。

　　作为家长，你了解宝宝成长中的身心特点吗？你能看懂宝宝的一举一动吗？你能从他的表情和呀呀声中了解宝宝的需要吗？你能为宝宝的成长和发展提供必要的条件吗？在陪伴宝宝成长的路上，会有什么惊喜和收获？会遇到哪些困惑和疑问？又会碰到什么困难和挫折呢？让我们翻开宝宝发展篇，真正走进宝宝的世界，共同探寻宝宝成长的秘密，站在宝宝的角度去观察、去感受、去思考，更好地帮助和支持宝宝的全面发展。

第1课
顺利度过"认生期"

1—2岁是宝宝的语言快速发展期，当家长带宝宝外出时，会习惯性培养宝宝使用礼貌用语。然而很多宝宝都会出现不叫人、躲在家长身后等认生的表现。面对宝宝的认生，家长应该怎么做呢？

案例

明明一岁半了，面对爸爸妈妈时，他古灵精怪，可是见到陌生的人就变了。国庆假期，妈妈带着明明走亲戚，因为平时不经常走动，很多亲戚明明都不认识。妈妈说："明明，快问叔叔阿姨好。"明明躲在妈妈的身后一句话也不说，还不时地从妈妈身后悄悄往外看。妈妈觉得没面子，于是指责明明："你这孩子怎么这么没有礼貌，平时挺乖的，今天的表现一点也不好。"面对妈妈的指责，明明大哭不止，不停地说："我们回家吧，我要回家！"妈妈用了很长时间，才安抚好明明的情绪。亲戚的孩子邀请明明一起玩，明明也只是在旁边拉着妈妈的手观看，既不参加游戏也不让妈妈离开。

分析

案例中明明的表现是认生期的典型行为。认生的出现是宝宝情感发展的里程碑，每个宝宝都会经历。面对宝宝的认生，有的家长焦虑、无措；有的家长放任自流，感觉宝宝长大了就好了；还有的家长感觉宝宝没有礼貌，简单粗暴地呵斥宝宝；那么，宝宝行为背后的原因到底是什么呢？

一 宝宝认生期的行为表现 ▶

在陌生人接近时，宝宝表现出明显的不安和恐惧，这就是认生，学名叫"陌生人焦虑"。

认生期是宝宝社会情感发展过程中的一个阶段，通常在6个月左右开始，两岁后逐渐消失。认生是宝宝情感依恋发展过程中的一种普遍表现，宝宝对陌生人的恐惧属于正常现象。认生说明宝宝能够区分并区别对待熟悉的人和陌生的人，是宝宝的社会性发展到一定程度的表现，以及辨别情绪和人际关系得到发展的体现。这种现象代表宝宝大脑的情绪中心正在学习适度的警戒保护，能够很好地保护自己。因此，两岁之前的宝宝出现强烈的分离焦虑或对陌生人恐惧是非常正常的。就像案例中的明明见到陌生人躲在妈妈身后，就是认生期的正常表现。

二 宝宝认生的影响因素 ▶

认生期是每个宝宝成长路上必经的阶段，但不同的宝宝认生反应也不同，除了与宝宝自身有关，还与家长的教养方式有关。

由固定一位家长照顾的宝宝，容易对照顾者产生依赖心理，会排斥别人的照顾。有的宝宝经常待在家里，不与外面的人接触，宝宝见到的陌生人少，就很容易在人多的时候产生恐惧心理。

宝宝可能因为某些特定原因，对某一类型的人感到害怕，比如穿奇装异服的人，戴墨镜的人，穿着医生、护士、警察等职业制服的人，一见到这些人宝宝就会紧张，本能的拒绝亲近。这其实与家长平时的理念灌输有关系，也和宝宝本身的经历有关，就像医生和护士会让宝宝想起打针的疼或吃药的苦，宝宝见到他们会表现出害怕。

建议

认生对宝宝的成长有一定的积极意义，但家长不能任其发展不管，否则会阻碍宝宝和外界的人际沟通，对宝宝日后成长和心理健康非常不利。

●▶ 正确看待宝宝的认生期

认生是宝宝成长中的必经阶段，家长不要焦虑，要正确地看待认生期的宝宝，不要将宝宝见到陌生人哭闹归结为不礼貌、脾气大、性格内向等，理解并接纳宝宝的认生。

为宝宝营造一个温馨的家庭氛围，耐心地陪伴宝宝，让宝宝感受到周围环境是安全的，舒适的，温暖的。这样的环境有利于建立起安全依恋关系，更容易让宝宝身心放松、不紧张。

●▶ 帮助宝宝建立安全感

宝宝的安全感是在家长的陪伴过程中建立起来的。这个阶段要尽可能避免宝宝长时间见不到家长。与宝宝在一起的时候，多进行亲子互动游戏，让宝宝感受到家长对他的关注。家长每次外出要和宝宝道别，回来的时候给宝宝温暖的拥抱，在家里陪宝宝玩的时候，家长要放下手机全身心的陪伴宝宝一起游戏，宝宝不需要你参与他所有的活动，但是需要你在他的身边，当他需要你时，你随时都在。这会让宝宝和家长建立安全的依恋关系，当宝宝的安全感越来越强时，会更好地面对陌生环境或陌生人。

三 ▶ 陪伴并鼓励宝宝接触陌生环境

这个年龄阶段的宝宝接触新鲜事物是一个慢热的过程，处于认生期的宝宝心理会更加的敏感，家长要说一些鼓励的话来缓解他的内心焦虑。比如要带宝宝去一个他不熟悉的地方或见宝宝不认识的人时，要对宝宝说："妈妈就在你身边""妈妈觉得你可以的"，这样做会缓解宝宝的紧张、恐惧。

当宝宝抵触情绪严重时家长应该立刻安抚宝宝情绪，如轻轻地抚摸、拥抱，直到宝宝平静，给宝宝一个逐渐适应陌生环境和陌生人的过程。

四 ▶ 让宝宝接纳陌生人要循序渐进

引导宝宝见人打招呼是礼貌教育，但处于认生期的宝宝，家长切忌不要强迫宝宝打招呼。

当家里来亲友时，不要把焦点放到宝宝身上，介绍过宝宝之后，如果宝宝有些认生，家长可以和客人说等一会就好了，然后转移客人的注意力，让宝宝自己慢慢熟悉。当宝宝发出可以接近的信号再亲近。这时家长可以向宝宝介绍："王阿姨是妈妈最好的朋友，她非常喜欢你，宝宝问阿姨好！"家长在人际交往中尊重宝宝，把朋友正式的介绍给宝宝，既是在给宝宝熟悉对方的时间，也是在给宝宝建立安全感。家长也可以告诉客人宝宝喜欢的东西，让客人拿着宝宝喜欢的东西去接近，这样宝宝就会因为对物品的好感，慢慢地接受对方。当宝宝能够自然地回答陌生人的问话或能有礼貌地称呼陌生人时，一定要及时给予奖励或称赞。随着宝宝年龄的增长，会不断地积累经验，扩展交往范围，这为今后的社会交往能力的发展打下很好的基础。

思考与应用

和宝宝一起玩"躲猫猫"游戏，让宝宝体验与家长的短暂分离。

第2课 把握语言发展关键期

　　0—3岁是婴幼儿语言学习与发展的关键时期。由于其对婴幼儿今后的学习、发展具有直接影响，所以必须要引起家长的高度关注和重视。然而研究表明，儿童的一些语言问题，比如语言发育迟缓、不愿意主动与人交流等都与0—3岁时接受的语言教育，尤其是家庭语言教育不当有极大关系。

案例

　　毛豆是一名1岁半的宝宝，聪明伶俐的他从一出生起就被视为全家人的掌上明珠。爸爸妈妈工作比较忙，常常加班至深夜才回家，爷爷奶奶一直把毛豆的饮食起居照顾得非常细致。在前几个月，毛豆很喜欢模仿爸爸妈妈说话，每天晚上围绕在爸爸妈妈身边叽里咕噜地"说"个不停。但是最近，毛豆的妈妈很苦恼，毛豆虽然会说简单的"再见、阿姨"等词语，但他并不太愿意主动和别人交流了，尤其是在生人面前。比如，毛豆明明会说"奶瓶"这个词语，以前也很愿意说，但最近他想要喝水时却只愿意用手指，而不愿意张开嘴巴去说；当邻居家的同龄孩子朵朵可以模仿家长说出"妈妈抱""吃桃子"这样的双词句时，毛豆妈妈也想教给毛豆说，但是毛豆对妈妈所说的话丝毫不感兴趣，他只愿意盯着平板电脑的屏幕看动画片。毛豆为什么突然不愿意开口说话了？为什么别人家的孩子进步特别大，而毛豆却看不到进步呢？毛豆妈很想找到原因并为之做出努力，但她真的无从下手……每当此时，奶奶总会劝妈妈："不用着急，孩子再大点就都会说了！"

分析 ▶

案例中的毛豆，从愿意模仿成人说话，到不愿意开口说话，不愿意主动和别人交流，这其中的变化的原因到底是什么呢？

我国语言学专家、北京语言大学教授李宇明在《儿童语言的发展》中提出，1—2岁的幼儿语言发展处于特殊语言交际阶段。此阶段的幼儿开始以独词句、双词句和短句的形式说话，并且喜欢主动参与家人间的语言交际活动。另外，1—2岁的幼儿的发音器官开始趋于成熟，思维能力、交际能力和模仿能力也较1岁以前有了较大的提升。

由此可见，1岁左右的宝宝会有强烈的语言表达欲望，他想说、好说、喜欢模仿成人（尤其是亲近的人）说话，常常自己叽里咕噜说个不停。刚过一岁的毛豆也是这样，他对于说话这一活动有着非常高的积极性和主动性。但是毛豆日常总是和老人在家，当毛豆主动模仿老人或和老人说话时，老人并没有意识去回应或者鼓励毛豆，通常就当作是小孩子的自言自语。当发出的语言经常不被回应时，便会极大地挫伤宝宝的说话积极性和主动性。

宽松、和谐的家庭氛围和交流环境能够促进宝宝的语言学习与发展。反之，则会阻碍宝宝语言的发展。当毛豆起初有意识边用手指边用独词"奶瓶"去表达自己的喝水欲望时，奶奶明白了毛豆的意思，当下一次毛豆刚刚用手指向奶瓶，还没来得及说出"奶瓶"这个词的时候，奶奶就已经迅速将奶瓶递到了毛豆的嘴边。久而久之，聪明的毛豆就会发现，原来用手指一指奶奶就会明白了，根本不用张口说话。

建议

　　在宝宝语言发展和学习的关键时期，如果家长遵循儿童教育学和心理发展学的规律，创造温馨和谐的家庭教育环境，采用科学的方式方法对宝宝进行语言能力的培养，不仅可以提高宝宝的表达能力，也能提高宝宝的自信心，帮助宝宝养成开朗乐观的性格。

一 ▶ 家长要重视自身语言输出的规范性

　　1—2岁宝宝学习语言的途径主要是对成人日常语言的模仿。家长与宝宝之间或者与大人之间交流所使用的词语、句式甚至是说话时的动作和表情都会潜移默化地影响到宝宝的语言习得。因此，家长要重视自身语言输出的规范性，避免给宝宝做出不当的示范。

　　首先，家长在和宝宝沟通以及成人之间互相沟通时，要尽量使用标准的普通话，包括语音、语法等，不要为了宝宝能更好地模仿和理解而使用如叠音词，如 "搬凳凳、吃饭饭" 等。因为宝宝会把这种不规则的语法句式当作模仿的对象，从而不利于宝宝语言的标准化和社会化。

　　家长在与宝宝交流的过程中，为了避免语言的单调乏味，同时也为了帮助宝宝更好地理解和学习语言，家长在和宝宝交流时可以配以丰富的表情和动作，这样不仅可以吸引宝宝的注意力，而且可以帮助宝宝加速对语言的理解。但要注意不论交流什么，家长要口齿清晰，让宝宝能听清家长说出的每一个字。

二 ▶ 利用身边资源引导宝宝主动进行语言学习

（一）让绘本成为宝宝的好朋友

绘本，即图画书，顾名思义就是"画出来的书"，指一类以精美绘画为主，并附有少量生动文字的书籍。绘本好比是供宝宝看的一部电影，它既展示出宽广的视野，又有细节的特写，既有极其有趣的故事情节，又暗藏着起、承、转、合的节奏设计。家长可以充分利用绘本给予宝宝的视觉吸引力和震撼力，引导宝宝边看，边听，边说。

（二）让多媒体设备在语言发展中发光发热

多媒体设备，比如电视、电脑等，画面清晰、声音悦耳、语言表现形式丰富多样，能够对宝宝的视觉和听觉产生极大的冲击力和吸引力。家长不妨充分利用家庭中的这些设备来引导宝宝进行语言学习，比如一起听儿歌、看动画片等。但值得注意的是，当宝宝在使用多媒体时尽量有家长的陪同，而不是为了图省劲让宝宝独自观看。当然，在使用多媒体设备时，要注意控制时间。研究显示，3岁以下幼儿每天看电视超过两个小时会显著影响认知发育（特别是短时记忆），并持续影响5岁时的阅读能力。

三 ▶ 亲近大自然，学习新词语

不论在哪个季节，大自然中的万事万物都值得家长带着宝宝去观察和体验：看一看飞舞的蜜蜂，摸一摸柔软的沙子，听一听山间的鸟鸣，闻一闻花朵的芳香，这些都是自然又丰富的语言材料。当家长将宝宝带到户外，指着天上飞来飞去的鸟儿说"小鸟"时，宝宝会恍然大悟："这就是真的小鸟！"相信仅用几次宝宝便可以记住"小鸟"这个词。

四 ▶ 抓住生活中发展语言能力的机会

对宝宝来说，与人交流不仅可以学习语言，也可以练习运用语言。家长应当创造机会，鼓励宝宝主动与他人交往，比如经常带宝宝和年龄相近的小朋友在一起玩耍、利用睡前时间一家人一起做游戏等，这样不仅可以发展自然的语言表达能力，还可以培养宝宝自信乐观的性格。但值得注意的是，在和宝宝会话交流时，家长要避免直接重复宝宝的话，要有意识地根据情境扩展宝宝的句子。比如，当宝宝想要妈妈帮他拿玩具汽车，可能会说："妈妈，汽车。"妈妈就可以对宝宝说："宝贝，你想要那个玩具汽车，对吗？"通过这种扩充句子的方式与宝宝交流，宝宝逐渐就会学会如何更好地表达自己的情感和要求了。

陪伴宝宝学习和发展语言是一段辛苦又甜蜜的旅程。在这个旅程中，家长应当尊重宝宝语言发展的客观规律，避免催促和代替。保持耐心关注、倾听、回应并鼓励宝宝的每一次语言表达。相信在家长的用心陪伴下，宝宝的语言发展会像花开一样，应时而来的。

思考与应用

　　在日常的交流中，当宝宝说一个单词或短语时，家长有意识地根据上下文扩展句子，再观察一段时间，看看宝宝有什么进步！

第 3 课

宝宝为何"不走寻常路"

很多家长常这样说:"这个孩子,大路好好的不走,偏走高高低低的小路,还总是喜欢上坡下坡,真是拿他没办法。" 宝宝行为背后的原因是什么,家长应该如何正确地应对呢?

案例

轩轩快两岁了,每天就像个小猴子一样,喜欢在外面玩。一天,妈妈带他出门,路过一个花坛时,他吵着嚷着一定要到花坛边沿去走。这个花坛的边沿很窄,他侧着身子才能走过,他一边走一边笑。因为他走得太快了,差点从上面摔下来,妈妈赶紧用手扶住他,轩轩开心地笑起来。

在那之后,轩轩越来越喜欢"冒险",出门的时候宽敞平坦的大路不走,偏要走各种坑坑洼洼和乱七八糟的地方。妈妈怕轩轩在凹凸不平的路上摔倒受伤和弄脏裤子,所以,每次在轩轩想"不走寻常路"的时候,妈妈只能抱起轩轩飞快地走开,每次惹得轩轩大哭大闹,轩轩妈妈为此很是头疼。

分析 ▶

案例中的场景有没有在您的生活中出现过?面对"不走寻常路"的宝宝,您是不是有过像轩轩妈妈一样的反应?的确,宝宝"不走寻常路"的行为让很多家长感到无奈,那么,宝宝为什么这些行为的原因是什么呢?

一 宝宝正处于"行走敏感期" ▶

宝宝学习走的过程是从最初的要成人拉着手走，到独立行走，到上下坡、爬楼梯，到专门爱走不平的地方。"不走寻常路"是行走敏感期的正常表现。宝宝从蹒跚学步到独立行走，感受和体会到了成就感，他们热衷于做有挑战的事情，而高低不平的台阶、花坛、小路等就成了宝宝的"最近发展区"，他们跳一跳就感受到了成功的喜悦，喜欢挑战、享受成就感成为他们流连忘返的原因。

在宝宝学习走路的过程中，上下坡是宝宝学习走路的必经阶段，当宝宝学会了上下坡，就标志宝宝真正学会走路了。

二 受宝宝认知发展特点的影响 ▶

0—2岁的儿童处于感知运动阶段，他们是依靠感知和动作去适应环境。因此，在宝宝开始尝试走路时，他对四周事物的探索逐渐增强，而实际操作和亲身体验则是宝宝学习的主要方式。比如，说"火箭"，即使成人没有亲自看过、坐过，也能从文字介绍中了解火箭并在头脑中勾勒出火箭的样子，而儿童只有看过，才会对"火箭"的概念有所了解。因此，凹凸不平的路、宽窄不一的花坛会让宝宝在亲身体验中，认识"高与低""宽与窄"等概念，形成对空间的认识。

三 受宝宝探索学习方式的影响 ▶

对于这个年龄阶段的宝宝来说，行走其实是一种探索和学习的过程。宝宝此时的走和成人的走是完全不同的，成人是为了一定的目的在走，而宝宝是为了学习走而走。宝宝行走的时候不仅是身体在行动，眼睛也在观察，不断地发现自己感兴趣的事物。宝宝很容易被一些有趣的事物所吸引，比如花园里的小花、路边的小石头、草丛里的昆虫等，都会得到宝宝的关注，在好奇心的驱使下，宝宝不会考虑是否安全，都会乐于去"探险"，在这个过程中获取经验，不断丰富自己的认知。

建议

　　既然"不走寻常路"是宝宝学习和发展的必经阶段，那么家长应该怎样鼓励宝宝的探索、促进宝宝的成长呢？

一 ▶ 在安全的前提下鼓励宝宝行走

　　因为宝宝走路不稳，个子又矮，当他一刻不停地去他想去的地方时，家长就要跟在他的后面，时刻准备弯腰去扶他，免得宝宝摔倒。此时，家长一定要顺应宝宝的成长需要，尊重宝宝的探索行为，不要过多限制宝宝的行走。

　　对于宝宝在路上倒退行走等不按常规的方式，家长不要强行干涉，试图将宝宝拽回正确的轨道。因为正是通过一些非常规的玩法，宝宝才能更好地确认自己的能力。这时候家长只要站在宝宝身边，给宝宝必要的保护就可以了。宝宝的成长是自己不断尝试，不断体验的过程，家长要给予关注和支持，但不能限制和干涉。

二 ▶ 给宝宝提供探索和体验的机会

　　对宝宝来说，家里的沙发扶手、阳台，户外的公园、路边石等，都能成功引发他们的好奇心，而好奇的宝宝多半有超乎常人的"动脚欲望"，只要家长因势利导，鼓励宝宝，给他充分探索和体验的机会，让宝宝看到自己的能力，不仅能够锻炼宝宝的生活能力，也会让宝宝积累探索的经验，宝宝会更有自信。家长千万不要在宝宝走的敏感期总是将宝宝放在婴儿车里推着走。

在给宝宝机会的同时，家长可以提供适度帮助，提高宝宝的安全意识。案例中的轩轩感知到窄窄的花坛可能会有危险，所以要求拉着妈妈的手行走，从案例中可以发现儿童本身是有安全意识的，家长要做的首先是消除环境中的不安全因素，再根据宝宝的能力发展适时适度地提供帮助。比如，宝宝在高的地方行走时，一开始不太熟练的时候，家长可以握着宝宝的手，慢慢地在宝宝熟悉以后，家长改为给宝宝一根手指头握着，再变为轻轻地拉着宝宝的衣领，给宝宝精神上的支撑。

三 ▶ 通过游戏提高宝宝的身体协调能力

运动让宝宝更加健康地成长，运动也会促进宝宝的大脑发育，家长应该在生活中提升宝宝的身体协调能力，为宝宝的成长和探索提供支持。家长可以和宝宝一起通过游戏满足宝宝的行走欲望，同时还能够提高宝宝运动的协调性。

1. 转圈走。准备一张低一点、宝宝刚好可以扶住的桌子，让宝宝抓着桌子的边缘进行走路训练。家长可以在离宝宝稍远一点的地方，用玩具吸引宝宝的兴趣，鼓励他朝着家长走过去。

2. 走直线。在房间地板上贴一个红色的大方格，家长在前面或后面带着宝宝走直线，这能锻炼宝宝的平衡能力。

3. 走山地。宝宝在平地上能走稳时，就可以练习走小山路、小坡了。山路的地面不平，宝宝行走时就需要控制自己的身体保持平衡。上坡时，需要协调身体走上去；下坡时，需要保持身体平衡，不会摔倒。

4.盘子端物。准备一个不会摔坏大盘子，盘子里面放一些小物品，让宝宝用双手端给家长。这个游戏同样是锻炼宝宝的平衡能力，用双手和身体来保持平衡，使得盘子里地物品不掉出来。

思考与应用

带宝宝到户外活动，和宝宝一起走走马路牙子或者和宝宝玩一个走平衡木的游戏。

第4课 宝宝的"空间敏感期"

1—2岁的宝宝喜欢捉迷藏、扣洞洞、钻犄角旮旯，并且乐此不疲，很多家长并不理解宝宝的行为，认为有危险就会限制宝宝的自由，甚至批评宝宝。这个时期的宝宝为什么总喜欢做这些事呢？

案例

　　齐齐是个1岁多的男孩，妈妈发现他最近迷上了捉迷藏，钻桌底和钻衣柜，还喜欢把玩具拿到空衣柜里，自得其乐。一开始的时候，妈妈虽然对他的行为不理解，但也随他去玩，不过时间一长，衣柜里的东西总是弄得乱七八糟，他的衣服也在桌下蹭的脏兮兮的，齐齐妈妈开始不淡定了，为了阻止齐齐，妈妈用透明胶封住了齐齐能够得到的抽屉和衣柜，桌子底下也摆满了东西不允许齐齐再钻，当齐齐想再钻椅子或门后时，齐齐的妈妈经常会抱起他离开，每次被抱走，齐齐总是大声哭闹，这种情况让妈妈束手无策。

分析 ▶

　　宝宝从妈妈的子宫降落到人间如此一个大的环境中，要经过一段很长时间的适应期。宝宝只有让自己置身于不同的空间中充分的体验，不断接触和了解这个世界，从而让自己的内在世界和外界的空间充分适应和结合，才能构建安全感。案例中的齐齐喜欢躲猫猫、钻桌底等，这是该年龄段孩子通过各种方法来感知和探索的表现。其实，像齐齐这样，要完成这些看似"捣乱"的事情需要付出很大的努力，需要各种感官的协调配合才能完成。当宝宝开始重复而专注地做这些事情时，说明宝宝已进入一个新的发展阶段，即空间敏感期。

空间敏感期，是指在0—6岁的成长过程中，儿童受内在生命力的驱使，在某个时间段内，专心吸收环境中某一事物的特质，并不断重复实践的过程。1—2岁处于空间敏感期的宝宝会有以下几种表现：

1. 喜欢拉抽屉，然后把东西全都一股脑的拿出来。

2. 对洞洞特别感兴趣，喜欢往里面塞东西，然后再取出来。

3. 对积木以及其他搭建材料感兴趣，会将积木搭的高高的然后再推倒。

4. 喜欢钻到桌子下面，钻到箱子或衣柜里。

5. 喜欢爬高，爬楼梯，甚至从高处往下跳。

宝宝通过这些行为来探索周围的空间，这是宝宝内在心智空间成长的体现。宝宝6岁之前空间感的发展至关重要，宝宝最初对距离是没有认识的，他们只有靠摆弄物体位置、用身体来感受空间，从而不断积累对距离和空间的感知，进而探索这个立体的世界。如果这段时间宝宝对空间的探索得到充分满足，将来其内在的心智以及内在世界的建构也会比较完善。

对空间的把握决定了宝宝未来对这个世界的探索能力，是未来发展非常重要的基础。像数学、物理学、建筑等都以空间感为基础，如果宝宝的空间敏感期没有得到应有的重视和发展，宝宝的空间感就会受影响，就会导致宝宝未来在这几个方面存在短板。

如果在这个时期没有发展好空间的感知能力，长大之后想补救非常困难。如果宝宝错过了这个阶段的敏感期，直接的后果就是后期可能会花费更多的时间去弥补，而家长也相应地花费更多的时间和精力去关注。案例中宝宝的行为是自己不断通过体验，创造自我，完善自我的过程，是他探索周围世界的方式。

建议

为了帮助宝宝顺利度过空间敏感期，家长需要注意以下几点：

一▶ 尊重宝宝，支持他的探索

家长是宝宝成长的观察者，生活中家长要及时发现并且抓住宝宝的空间敏感期，给宝宝创造良好的条件，充分满足他的好奇心。当发现宝宝有爬高甚至钻犄角旮旯的习惯时，家长不要因为怕危险就制止，而是应该在保证宝宝安全的情况下支持宝宝的探索。因为宝宝通过探索，不仅能够锻炼身体，也能够在探索中学会自我保护。

在国际上有个经典的实验叫"试崖实验"，即让宝宝在玻璃板上爬行，当宝宝看到玻璃板下面有一个在视觉上表现出低洼的部分时，宝宝就不会爬过去。因此宝宝对环境有天然的防御意识，所以家长不妨试着给宝宝一定的探索时间，不要马上去否定，而是给宝宝提供所需的环境。家长可以收起危险物品，给宝宝营造安全的探索空间。

很多家长在宝宝面前经常展现自己的权威，最直接的表现就是强制和命令。这种权威有时候反而让宝宝不能自由充分的成长，产生依附或自卑的心理，剥夺了宝宝潜能开发的机会。家长和宝宝建立平等的关系不但有助于宝宝潜能的发展，也有助于宝宝建立安全型的亲子依恋关系，有助于宝宝的健康成长。因此，家长应该在生活中尊重宝宝的意愿，支持宝宝的探索。

将空间探索变成有趣的游戏

空间敏感期的宝宝通过看、听、触摸，这些简单的动作来了解自己和物体以及自己和空间的关系，来建立最初的空间概念。在这一阶段，家长可以通过游戏，给宝宝提供探索的机会和支持。

1. 躲猫猫游戏。家长与宝宝一个藏一个找，家长藏的位置一般比较隐蔽，当宝宝找不到时，家长可用带方位的语言提醒，比如：妈妈在桌子下面，爸爸在窗帘后面等，提升宝宝对空间方位的感知。

2. 床单游戏。家长可以把干净的床单铺开，和宝宝一起钻到床单下面，家长用手撑起床单，和宝宝一起在床单下感受黑暗、空间受限制的感觉，为宝宝创造一个新的环境，让他在适应的过程中，逐渐培养出空间感。

3. "翻山越岭"。家长可以在家里找一个相对宽敞的地方，放上一些枕头、抱枕、绒布玩具，让宝宝尝试用各种方法翻越过去。家长可以和宝宝一起设计一些故事情节，既发挥想象力，又锻炼了空间感。

4. 翻滚游戏。家长准备一块大垫子，让宝宝躺在垫子的一边，然后开始侧翻，如果宝宝适应了，就可以让他做连续的翻滚，一直到垫子的另一边。这个游戏让宝宝在了解和把握垫子空间的同时，也训练了立体感，并且还加强了宝宝的动作能力。

5. 投掷游戏。家长把纸盒或玩具箱放到离宝宝大概一米的距离，将小沙包、皮球等东西向箱内投掷，通过投掷感知自身与箱子的距离，提升宝宝的空间感知能力。

6. 户外运动。户外是宝宝非常喜欢的地方，家长可以利用户外公园、游乐场或街道等地方帮助宝宝进行空间智能的锻炼，比如走进公园岔路时，让宝宝决定往前、向左或向右走；滑滑梯时，告诉宝宝爬上去、滑下来等。这些简单的方法，不仅深受宝宝的喜爱，还能训练宝宝的方向感。

思考与应用 ··········

家长准备适合宝宝进入的箱子或空间，让宝宝进入其中感受空间的大小。

第 5 课 宝宝反复按开关是对还是错

1岁多的宝宝喜欢重复做某件事情，像重复读同一本书，反复玩一个玩具，一直按开关……很多家长都会很奇怪，为什么宝宝对"按开关"有这么浓厚的兴趣呢？宝宝反复按开关是对还是错呢？

案例

驼驼1岁两个多月的时候，爸爸为了逗他，拿着他的小手去按开关，"叭叭"的声音让驼驼感到很好奇，于是他兴奋地按个不停。大概按了七八次后，爸爸担心开关被按坏，强硬把驼驼抱走，引起驼驼大哭大闹。

晚上，驼驼示意妈妈带他去按开关，爸爸说："别让他不停地按啊！"妈妈想看他最多能按多少次。于是，驼驼反复按开关，妈妈默默地数着次数，第27次后，驼驼停止去玩别的了。过了几天，同样，在妈妈的耐心陪伴下，驼驼按了25次。再有一次，驼驼按了29次。后来，驼驼就再也没有反复按开关了。他已经知道了开灯就要按开关，而且记住了家里每个房间开关的位置。即使到了陌生环境，他也知道开灯时要去找开关。

分析 ▶

案例中，驼驼喜欢反复按开关的行为，是很多1岁多宝宝身上也会出现的普遍现象。为什么1岁多的宝宝对重复做同一件事有如此浓厚的兴趣呢？重复行为对宝宝的发展有什么促进作用呢？

一 宝宝反复按开关是在探索因果关系 ▶

1岁多的宝宝处于直觉行动思维发展阶段，喜欢用直接的行动，如用嘴咬，用手摸、拍、抓、捏、按，用脚踩等，探索周围的一切。案例中的驼驼，就是通过用手反复地按开关，来探索开关和灯亮、灯灭之间的因果关系，从而达到认知的目的。

二 重复行为是宝宝学习的必经过程 ▶

学习是基于经验而导致行为或行为潜能发生相对一致的变化的过程。宝宝"反复"做某件事，其实是一种重复行为，宝宝通过重复体验某种行为和结果之间的关系，这是他学习的过程。

案例中，驼驼通过反复按开关，在按的动作和灯亮灯灭的结果之间建立起联系，重复体验这一过程，能够促进大脑神经连接的建立，得到他想要的结果，这种成功体验给他带来了特有的快乐，同时，他也学会了相应的本领。这个阶段宝宝反复的走来走去其实也是在学习，如在走的过程中，宝宝学会了迈过某个障碍物而不再跌倒，反复围着茶几走，建立了自身与茶几的空间距离感，而不会再像刚开始那样撞到茶几上。

家长会发现很多1岁多的宝宝虽然在家已经走得比较好了，很少摔跤，但到了一个陌生的地方，却很容易出现撞到物体上或被绊倒的现象，这就是因为他在这个环境里的空间感还没有建立。所以说，宝宝的重复行为，是重要的学习方式。

三 重复行为促进宝宝专注力的养成 ▶

案例中，驼驼在妈妈的耐心陪伴下，反复按开关20多次，他的注意力都集中在这一件事情上，没有被其他事情所打扰，体现了宝宝高度的专注力。宝宝探索的过程就是宝宝训练自己专注力的过程，这些行为将有助于宝宝专注力的提升。因此，支持宝宝的自发探索行为有助于保护宝宝的专注力。像案例中爸爸阻止宝宝继续按开关的做法是不合适的，而妈妈的做法更有利于宝宝专注力的提升。

总之，宝宝的重复行为是学习和探索的过程，对宝宝的成长有重要意义。

建议

家长要保护好宝宝的好奇心，发现宝宝的兴趣点，支持宝宝的探索行为。

一 ▶ 为宝宝提供不同材质不同功能的玩具

如果环境刺激因素贫乏，大脑许多细胞的发育就会废止、不再生长；如果刺激因素丰富，神经细胞就会得到充分利用。因此家长要提供不同种类的玩具，支持宝宝的探索行为，从而刺激宝宝的大脑，保证宝宝的正常发育。

有些家长在为宝宝购买玩具时，一味地追求高档，认为能发声、发光、会动才是好玩具。其实这种认识是片面的，这类玩具对宝宝是有很强的刺激和吸引力，但如果只提供这类玩具是不够的。不同材质、不同功能的玩具会给宝宝带来更丰富的刺激，如玩木质的积木，可让宝宝感知积木的大小、颜色、形状以及任意组合的变化；玩塑料的拼插玩具，有利于宝宝探索物体之间的连接方式；玩纸质的拼图玩具可帮助宝宝感受整体与部分的关系；玩金属的敲击玩具，可让宝宝探索声音的变化。总之，操作性强的玩具更有助于宝宝的探索。

二 ▶ 多带宝宝参加户外活动

户外环境的多样性是不言而喻的，大自然为宝宝的探索与发现提供了丰富的条件，因此，家长要多带宝宝参加户外活动，不论是不起眼的小石子，还是湿湿的泥土；也不管是小小的蚂蚁，还是黄色的落叶、美丽的鲜花，只要宝宝感兴趣，家长就要陪伴宝宝观察、摆弄甚至带回家继续探索。另外，在户外活动时，家长要尽量按宝宝的意愿决定在某地逗留时间的长短。切忌一味地按家长的想法决定去留，那样就失去了让宝宝参与户外活动的意义。

三 ▶ 营造宽松的氛围，满足宝宝的探索欲望

宝宝在一段时间重复地玩某个固定的游戏或玩具，就是通过自己的方式来理解这个世界。在这个过程中，只要家长充分尊重宝宝的意愿，允许他按自己的想法去玩，玩的过程中他就能发现不同的玩法，这样的发现会给宝宝带来新的刺激和成就感，促使他更专注地探索下去。

（一）允许宝宝的"捣乱"行为

对1—2岁的宝宝来说，家里的各个房间、橱子、抽屉以及日常用品，对他都有非常大的吸引力，他们什么都想去探个究竟。而家又是让宝宝感到最安全、最放松的地方，因此，各种捣乱行为都有可能发生，把抽屉翻个底朝天，用杯子把水倒过来倒过去，玩具一遍遍地扔来扔去，等等。当宝宝出现这些行为时，家

长要认识到宝宝不是在捣乱，而是在用自己的方式了解这个界，只要没有危险，家长要允许宝宝的这些"捣乱"行为。

（二）允许宝宝的"破坏"行为

1—2岁的宝宝常常会出现反复地"咬""扔""撕""敲打"某件物品的行为。这些行为很可能会把玩具、图书、日常用品等损坏。当损坏已经发生了，家长要允许宝宝的"破坏"行为，理解宝宝是在对这件物品进行了解与探索，家长及时收拾残局即可，切忌批评指责宝宝，因为1—2岁的宝宝还不能辨别是非，家长的指责只会让他产生恐惧。要想避免损坏物品的事件发生，家长就要提前做好预防，可以在宝宝玩的过程中家长在旁边进行保护；也可以以温柔的态度进行劝阻，这样的劝阻尽量不要使有消极的语言，多用积极的语言。如：宝宝反复用脚将自己的小水壶在地面上踢来踢去，家长不要说"宝宝别踢了，会踢坏的"，而应该从正面引导"宝宝用手把水壶拿起来，放到桌子上"。说一遍不行就连续地说，语气要温柔，直到宝宝主动拿起为止。

（三）允许宝宝玩"脏东西"

玩水、玩沙、玩泥是宝宝们最喜爱的活动。宝宝的这些喜好不是成人教出来的，是其天性使然，是其身心健康发展的内驱力使然。如果家长因怕宝宝"弄脏"身体或衣服而不让他们玩，是有悖于儿童发展规律的。家长应该创造条件让宝宝有玩水、玩沙、玩泥的机会，这样的机会是非常有利于宝宝进行探索活动的。而且受兴趣的影响，宝宝在探索的过程中会非常的专注。

总之，宝宝在重复做一件事情时，如果能够得到家长的允许，会激发宝宝的求知欲和自信心，得到安全感和满足感，让他们更有兴趣积极地去探索世界。

思考与应用

1. 钓鱼游戏：准备一个水盆、磁性钓鱼玩具，教宝宝用鱼竿钓鱼。

2. 带宝宝去公园玩沙。

第6课　宝宝为什么总喜欢说"不"

1岁半后，宝宝一下子变得"独立"、任性、不听话了，他们开始用实际行动以及一连串的"不"来拒绝家长的要求，越不让做的事情越要去做，被阻止就大哭大闹。这是宝宝人生中第一次表现出的"反抗"。其实宝宝并不是毫无道理地反抗，而是在坚持自己的主张，这是宝宝自我意识的觉醒。如果这些主张得到家长的尊重，将有利于宝宝"自我"的确立。

案例

琪琪从1岁4个月开始，就能够用动作来表达不想做的事情。喝水的时间到了，给她拿来了水杯，她把头一扭，把水杯推到一边，再给她喝的话，她就会把水杯扔到地上。到1岁八九个月她就能够明确地说出不想做的事情了。现在的琪琪最常说的话就是"琪琪不要……"不管家长说什么都是"不、不、不"，让家长很崩溃。

该吃饭了，妈妈叫琪琪来吃饭，她就开始说"不要，琪琪不要吃饭"。可是没过几分钟就过来吃饭了。洗手的时候，她也总是拒绝，妈妈对她讲道理："不能不洗手，不洗手有细菌，必须洗"，琪琪还是拒绝。有时妈妈实在没办法，会强行把她的手按到水盆里，她一边挣扎一边哇哇大哭，更不爱洗手了。

分析

这个时期的宝宝之所以喜欢说"不"，干大人禁止的事情，是源于宝宝自我意识的发展。1岁多的宝宝自我意识开始萌芽，有了自己的主张，希望按照自己的方式做事，常把"不"挂在嘴边，喜欢反抗和拒绝大人的决定：不肯洗脸，不肯吃饭，非要看电视、手机，非要玩水……家长不同意，他就会愤怒地尖叫、发脾气，甚至做出攻击行为。像案例中的琪琪一样，宝宝通过说"不"来反抗家长的决定，坚持自己的想法，这是宝宝建立"自我"的一个过程，是个性发展的重要环节之一。

家长应该理解宝宝的行为，正确引导宝宝，不要和宝宝对着干，要知道自我意识的发展是宝宝走向独立的基础，宝宝只有拥有了独立的"自我"，才能成为一个真正独立的人。因此，帮助宝宝发展自我意识对宝宝的成长非常重要。宝宝的独立性、自觉性和自控力的发展，必须以自我意识的发展为前提，只有当宝宝意识到自己是谁，自己有什么、没有什么，可以做什么、不可以做什么的时候，他才能自动自觉地去行动，并对自己的行为负责。

如果像案例中的妈妈一样不加引导强制宝宝洗手，就会影响宝宝的自我意识，让宝宝觉得自己无法主导自己的行为。家长的控制和打击会影响宝宝对自我的认知以及自信心。

建议

面对宝宝的反抗与不听话，家长应如何应对呢？

①▸ 理解宝宝的行为

家长要了解这一时期宝宝的心理特征，认识到宝宝是一个独立的个体，有自己独立的想法，呵护宝宝自我意识的发展。对于宝宝的反抗行为，不要简单地定性为"不乖""不听话"，更不要训斥宝宝，而是给予理解和尊重，学习并采用正确的应对方法，促进宝宝健康发展。家长要认可宝宝的能力，多表扬、多认可宝宝的表现，减少控制和打击，在保证安全的情况下给宝宝适当的自由。

二 ▶ 给宝宝做主的机会

宝宝说"不"是表达自己意愿的一种方式，只要宝宝的行为不具有伤害性，家长就不要过分干涉和束缚，尽可能给宝宝自己做主的机会。过多的干涉与限制会损伤宝宝的自尊心，使宝宝变得过分顺从，没有主见，缺乏独立能力。家长要尽量放手让宝宝自己尝试，必要的时候再施以援手。对于宝宝能够自己完成的工作，家长要鼓励宝宝多尝试、多练习，能自己完成的就让宝宝自己做，让宝宝有充分的锻炼机会，促进宝宝自我意识发展。

三 ▶ 尊重宝宝的想法

很多家长喜欢用命令的口吻与宝宝讲话，比如"不能不洗手，不洗手有细菌，必须洗""该午休了，去睡觉"等，这样的话很容易引起宝宝的反抗。因为在这个时期，宝宝要向家长展示自己的能力，所以往往家长越是强迫宝宝去做什么，宝宝越不会去做什么，很容易形成对抗的局面。家长要学会尊重宝宝，给宝宝选择的权利，如宝宝不想睡觉时，家长可以问他："你想让小熊陪你睡觉，还是让汽车玩具陪你睡觉啊？"这样不仅可以有效地避免宝宝说

"不"，还能让宝宝更容易接纳家长的建议，避免冲突。

四 ▶ 有效利用亲子游戏

英国教育家洛克说："教育儿童的主要技巧是把儿童应做的事都变成一种游戏。"对于还不能理解太多道理的1岁宝宝而言，家长可以把宝宝不愿意做的事情变成游戏，宝宝会更乐于接受。如宝宝不愿意喝水，可以给宝宝创设给汽车加油的游戏情境，与宝宝比一比谁加的油多。这类的游戏让宝宝很快忘记他的"不"，乖乖地听话喝水。

五 ▶ 学会转移宝宝的注意力

1岁多的宝宝心理活动大多受情绪支配，还不能用理智支配行动，其情绪表达具有易变性、易冲动性和易感染性等特点。因此，对于宝宝的不合理要求，一味讲道理或批评没有多大用处，1岁多的宝宝是无法理解和接受的。家长可以将宝宝的注意力吸引到让宝宝感兴趣的活动或事物上，既能拒绝宝宝的无理要求，又避免宝宝哭闹。

思考与应用

早上穿衣服时，让宝宝自己选择衣服的颜色，看看宝宝的选择和你一样吗？

第7课 宝宝开始爱观察、探索

1岁多的宝宝看到什么物品都想动一动、碰一碰、摸一摸。有的家长怕宝宝调皮捣蛋、乱翻东西、出危险，就把日常用品全部收起来，橱子门都锁上；还有的怕宝宝"只是瞎玩"，就不停地告诉宝宝该怎样做。这样反而干扰了宝宝的自主探索行为，破坏了宝宝的专注力。正确的做法是什么呢？

案例

驼驼会走以后，对家里的一切都展开了探索。

有段时间，驼驼爱上了扔勺子。有一次，驼驼把一个金属饭勺扔到地上，发出"当"的巨响，他吓了一跳，并下意识地闭上眼睛。一会又示意妈妈帮他捡起来再扔，反复几次后，他再扔这样的金属勺子时都会提前闭上眼睛。后来，妈妈给了他一把塑料勺子，他扔的时候竟没有提前闭眼睛。

驼驼还喜欢摆弄餐桌上的瓶子、碗、杯子等，他经常拿起一个盖子往这里盖盖，往那里盖盖，直到盖到合适的地方。有一次，他用力在拍打一个带盖子的瓶子，并且"啊，啊"地叫，一开始妈妈以为他不喜欢这个瓶子，要将它拿走，结果他喊的声音更大了。于是妈妈放下瓶子，并将瓶盖打开，这下，他就平静下来了，并开始观察瓶子里面有什么。

驼驼的探索远远不止这些。一天，妈妈抱着驼驼经过一个带书架的书桌，书架上摆着各种书和小摆件。驼驼示意妈妈，他想要上去。于是，妈妈把他抱上书桌，他开始一件一件拿起那些小摆件观察，感兴趣的他会看一看、玩一玩，不感兴趣的直接递给妈妈。后来，他又把书一本一本地拿下来，就这样在书桌上一直玩了20多分钟。

分析 ▶

像案例中的驼驼一样，1岁多的宝宝对什么都好奇，充满了兴趣，想要碰一碰、摸一摸，这是宝宝爱探索的表现。探索对宝宝来说意味着什么呢？

一 探索的过程可以促进宝宝的大脑发育 ▶

宝宝刚出生时，大脑神经元之间只有很少的连接。在出生后的前两年里，大脑发育非常迅速，这些神经元之间将会建立起几十亿个新的连接。俗话说"宝宝一天一个样"，最根本的原因就是宝宝的大脑在迅速发展。有研究发现，宝宝的感觉经验既影响神经元的大小，也影响神经元之间连接的数量与质量。在那些能接触到各种各样物品的环境中成长的宝宝，比在刺激因素贫乏的环境中成长的宝宝，其大脑的结构更复杂，神经元之间的连接更丰富。因此，宝宝翻找、摆弄、摔打物品等行为能够丰富宝宝的感觉经验，促进宝宝的大脑发育。

二 探索是宝宝了解世界的直接途径 ▶

根据皮亚杰的认知发展理论，知识是感知运动行为的产物，宝宝是通过"做"的动作来学习的。1岁多的宝宝正处于感知运动阶段，这个阶段的特点是宝宝通过摆弄环境中的物品来了解这个世界。尤其1岁后，随着独立行走能力的逐渐增强，自主活动范围的扩大，宝宝探索了解世界的欲望越来越强烈，对宝宝来说，这个世界就是他们的实验室。如案例中，驼驼经过反复"实验"，学习到了"当"的声响与扔这个动作之间的因果关系，同时对物品的材质也有了一定的分辨能力。宝宝就是这样获得知识的。

社会认知学习理论认为，行为通过观察而习得。如宝宝平时看到大人用遥控器开电视，当宝宝想看电视时，他也会拿起遥控器对着电视按；看到家长用抹布打扫卫生，宝宝也会拿起抹布擦擦桌子，擦擦地……这些都说明宝宝的观察力、模仿力非常强。正如维果茨基的社会文化理论所强调的，发展是儿童与其所处环境中的个体之间的相互交流，人和环境都影响着儿童。

建议

　　对于1—2岁的宝宝来说，探索是他了解这个世界，学习知识的主要途径。观察是探索的开始，家长应该尊重家里的"小小观察家"，要知道怎样为宝宝提供有利于他探索的环境，并了解、支持他们的观察行为，让宝宝在观察中提高探索能力和专注力。

一　尊重宝宝的观察行为

　　家长要对宝宝的观察与探索行为有一个正确的认识，即这些行为都是宝宝成长的需要，是好奇心驱使他去摆弄、观察和模仿，这是宝宝在探索中"学习"，在行动中"思考"。因此，家长不应该将宝宝的这些行为定义为调皮捣蛋，应该看到这些行为背后的意义与价值，并尊重宝宝的探索。

（一）不打扰宝宝的观察

当宝宝对感兴趣的事物进行长时间的观察时，家长不要随便打断他。如案例中，妈妈允许驼驼在长达20分钟的时间里，观察、摆弄书桌上的物品，而不打扰他。这个过程中，宝宝的专注力得到了很好的保护。

（二）给宝宝正确的回应

很多家长喜欢"教"宝宝观察，让宝宝"学"一些成人认为有用的东西，如为宝宝精心准备的卡片、益智玩具等。但是宝宝不一定对家长提供的物品感兴趣，反而对一些看似没用的东西有强烈的好奇心，如地上的一根头发、一粒米或一张小纸片等，他会捡起来左看右看，有时还会通过动作或表情告诉家长他的"发现"。这时候，家长要及时回应他，用简单明确的语言对他的发现做解释，告诉他"这是头发""这是大米""把纸片扔到垃圾桶里"等。当宝宝得到这些回应后，他的需求也就得到了满足。在观察这些细小事物的过程中，宝宝会渐渐发现事物之间的差异，从而增强对周围环境的敏感度和观察事物的敏锐性。因此，家长要学会追随宝宝，发现宝宝感兴趣的事物，而不是按照自己的好恶，去"教"宝宝。

二 ▶ 为宝宝创造一个丰富的观察环境

只有环境丰富了，宝宝才有更多的观察机会，大脑得到更多的刺激，获得更多的感知经验。

（一）生活中，给宝宝提供观察的机会

对1岁多的宝宝来说，生活中处处是观察机会。如案例中，驼驼在观察摆弄各种瓶子、杯子的过程中，发现了盖子与瓶子或杯子之间的关系。吃饭时，如果家长允许宝宝自己动手，宝宝就能发现面条是长的，米饭是一粒一粒的。吃水果时，家长故意将苹果切得大小不一，宝宝多次观察之后，就有了大小的概念。因此，家长要充分利用生活中的各种活动与环境，为宝宝提供观察的机会。

（二）带宝宝到大自然中观察

大自然中的事物丰富多彩，变化无穷。各种各样的植物、空中飞的鸟、水中游的鱼、草丛里爬的小蚂蚁，松软的沙地、黏黏的泥巴等都是宝宝观察的对象。大自然提供给宝宝的刺激是人为产品所无法替代的，在大自然中奔跑嬉戏给宝宝带来的乐趣也是无穷的，因此，家长要尽可能多地带宝宝到大自然中观察、认识事物。

（三）亲子阅读中，帮助宝宝观察

亲子阅读也可以变为有趣的观察活动，图画书中丰富的色彩、变化的图案、逼真的形象会给宝宝带来丰富的视觉刺激，家长在陪宝宝一起阅读时，可以用简单的语言给宝宝讲述。家长温柔的语言给宝宝创造了甜蜜的阅读氛围，并带来愉悦的感受，不仅有利于宝宝专注地观察与思考，还能增进亲子关系。

三　恰当地与宝宝互动，用心陪伴宝宝

家长在陪伴宝宝的过程中，身心都要和宝宝在一起，参与到宝宝的活动中去，及时回应宝宝，和宝宝互动，让宝宝感受到探索的快乐和家长的情感支持。家长只有用心地陪伴宝宝，才能及

时发现宝宝的真正需求，给宝宝恰到好处的支持，让宝宝更好地探索。如案例中，妈妈通过耐心的陪伴和互动，发现驼驼对着瓶盖拍打，不是不喜欢这个瓶子，而是对瓶子里面感兴趣，想要打开瓶盖；带着驼驼经过书桌旁时，能够敏锐地捕捉到驼驼的非语言表达，知道驼驼想要探索书架上的东西，并且能够识别驼驼兴趣减退的信号，在合适的时间带驼驼离开。在妈妈的用心陪伴下，驼驼在"探索"的过程中观察了事物，锻炼了抓握能力，专注力还得到了保护。

总之，在照顾1岁多的宝宝时，除了满足他们的基本生理需求，还要帮助宝宝获得更多的探索经验。为宝宝创造一个丰富的探索环境，给予必要的情感支持，多与宝宝互动，让宝宝在探索中更好地成长。

思考与应用

1. 用心陪伴宝宝，捕捉他那些细致的观察行为，并给宝宝正确的回应。

2. 带宝宝到户外，与宝宝一起观察探索，让宝宝获得更多的感知经验。

第 8 课 宝宝为什么喜欢上下楼梯

在宝宝学走路的过程中，特别喜欢走楼梯。然而，很多家长看到宝宝上下楼梯的行为，总担心宝宝会摔倒受伤，总觉得宝宝用手扶地不卫生，便会阻止他："太危险了，快下来！""不可以爬楼梯，摔下来怎么办啊！""不就一个楼梯吗？怎么还爬上爬下没完没了呢！"……宝宝为什么喜欢反复上下楼梯呢？

案例

童童快两岁了，走路已经很稳当了。最近，她对有楼梯的地方非常感兴趣。每次爸爸带她出去玩的时候，她都要去爬楼梯。爸爸通过观察发现，童童上楼梯虽然有些累，但相对比较容易，她不用爸爸帮助就可以自己走上去；但下楼梯就有些难了，她会紧紧地抓住爸爸的手，寻求爸爸的帮助，还会有意识地慢慢控制自己的身体，颤颤巍巍的下楼梯。如果此时爸爸松开手，她就会跟跟跄跄地冲下去。好几次，她由于下楼梯的速度太快又不稳而摔倒了，即便如此，每次出去玩，她还是特别愿意走楼梯。

分析 ▶

学会了上下楼梯，宝宝也就真正学会了走路。刚学会走路时，宝宝还没有能力扶着栏杆爬楼梯，所以当宝宝遇到楼梯时，就会不由自主地俯身去爬，先用手大致判断上下楼梯之间的距离，在用手触摸感知以后，然后再试着用脚来判断。即便宝宝在走带"楼梯"的路或攀爬楼梯时摔倒了，她也会乐此不疲。上下楼梯对宝宝的成长有什么影响呢?

一 促进宝宝的成长 ▶┈┈┈┈┈┈┈┈┈┈┈┈┈┈┈┈┈

宝宝是在游戏中成长的,上下楼梯对成人来说就是走路,目的性非常强。对宝宝来说,上下楼梯却是一个游戏。在游戏中,他们从一开始的只能走一个台阶,慢慢可以连续走几个台阶;从一开始的只敢上楼梯到可以尝试慢慢下楼梯,可以说,宝宝在体验克服困难、迎接挑战的过程,并从中获得成就感,而成就感也是宝宝与生俱来的成长内驱力。

二 提升宝宝的认知 ▶┈┈┈┈┈┈┈┈┈┈┈┈┈┈┈┈┈

对宝宝来说,他们对空间的探索仅仅靠目测是不够的,他们必须亲身体验、亲自感受,而一次两次的探索还不足以让宝宝形成对高矮的认知,只有反复的尝试、体验,才会丰富宝宝的空间感知,内化宝宝对高和矮的认识。宝宝通过重复地上下楼梯掌握这种新的技能,学习新的知识。

另外,宝宝重复上下楼梯,也可以在运动的同时促使宝宝神经细胞之间的连接不断增加,促进宝宝的大脑发育,让宝宝的认知、感觉、运动和学习能力等得到更好的发展。

三 促进宝宝身体协调能力的发展 ▶┈┈┈┈┈┈┈┈┈┈┈┈

宝宝身体发育的特点是从上到下的,上肢的发育早于下肢。宝宝爬楼梯时,更多的是探索腿和脚的功能,这是他们认知自我的重要部分。此时,如果家长经常阻止宝宝,宝宝就会非常厌烦,因为他的探索心理得不到满足,接下来他就会转而对疲劳特别"敏感",可能还没走几步,就会要求家长抱。在探索楼梯尤其是下楼梯时,宝宝身体的协调性也能够得到锻炼。无论是腿部肌肉的锻炼还是身体的协调性都需要多次探索和体验。

所以,家长要在宝宝学行走的最佳时期,让宝宝通过反复的探索和练习尽情地体验行走的乐趣。

建议

家长要接纳宝宝的行为和学习特点，认识到上下楼梯对宝宝成长和发展的重要性，从行为上给予宝宝支持。

一 ▶ 理解宝宝的特点，并给予支持和帮助

虽然1—2岁的宝宝不能很好地理解成人的话语，也不能很顺畅地表达自己的想法，但是宝宝天生对家长的情绪十分敏感，面对宝宝上下楼梯的探索行为，如果家长抱着理解和支持的态度，这样就能让宝宝更加积极地探索和挑战。如果家长是制止的态度和做法，则会让宝宝不敢去探索，面对挑战或困难时不愿意去体验和克服。

有些家长在宝宝爬楼梯时，会抱着宝宝走。家长这样做，宝宝也许不会跌倒、受伤，却会失去获得成长的机会。一旦宝宝错过成长的"敏感期"，未来就需要花费更多的精力去弥补。所以，家长应该营造宽松的氛围让他自由行走。

二 ▶ 给宝宝提供练习攀爬的机会

宝宝喜欢探索的一定是他的"敏感期"和"最近发展区"，是宝宝成长中较近的小目标。宝宝既然喜欢攀爬楼梯，那么家长就要给他提供这样的环境，放手让宝宝去做。

三 ▶ 配合宝宝上下楼梯的节奏

宝宝在刚开始上下楼梯时，非常愿意反复的尝试，但走得会比较慢，这时家长就要放慢自己的走路节奏，去配合宝宝；当宝宝学会了走楼梯后，他们就会不知疲倦、快速地走，这时家长就要加快走路节奏，从而跟上宝宝的节奏，保护宝宝的安全。也就是说，家长要"跟"着宝宝的节奏走，这样才能让宝宝得到充分的发展和成长。

四 ▶ 增加爬楼梯的趣味性

家长可以设计爬楼梯的小游戏，通过游戏锻炼宝宝的腿部力量，提升身体的灵活性和协调性。

一是爬楼梯拿玩具游戏。家长可以把宝宝喜欢的玩具放在楼梯的第四、五层台阶上，引导宝宝爬楼梯拿玩具。在练习过程中，家长要注意保护宝宝的安全。

二是跨绳游戏。家长准备有弹性的橡皮绳，绳子的两端分别固定在柱子或椅子上离地15厘米高，让宝宝双脚轮流抬高跨过绳子，锻炼宝宝的身体平衡能力。家长要教宝宝如何抬腿跨过绳子，必要时给予身体协助，在游戏中也要提醒宝宝注意脚下的绳子，避免绊倒。

三是下台阶游戏。家长让宝宝在第一层台阶上尝试自己下台阶，开始家长可以拉着宝宝的手下台阶，慢慢地变成宝宝自己下台阶，锻炼宝宝的腿部肌肉和身体协调能力。注意家长选择的台阶不能太高，台阶下的地面要平整安全。

思考与应用

家长带宝宝一起爬楼梯，锻炼宝宝的腿部肌肉和身体平衡能力。

第9课

宝宝踩水玩沙子有意义吗?

生活中很多宝宝看见地上有水洼,就会去扑哧扑哧地踩,发现溅起了水花,他会踩得更加起劲;看见沙子,宝宝更是不顾家长的劝阻,直接坐到沙子里面玩,乐此不疲。宝宝为什么喜欢踩水玩?为什么不厌其烦地玩沙子呢?

案例

　　案例1:洋洋,1岁10个月。一天,雨过天晴,妈妈领着洋洋去外面玩。楼门前有很多积水。妈妈告诉洋洋说:"小心别踩到水,会弄湿鞋子的。"洋洋好像没听见妈妈的话,反而跑到水洼里,扑哧扑哧地踩。妈妈赶紧把他抱了出来,说:"怎么不听话,你看鞋子都弄湿了,别再过去了"。妈妈刚刚把洋洋放到地上,洋洋又直奔水洼,这次洋洋眼睛看着妈妈,好像故意似的,咯咯笑着,更加起劲地踩起了水,水花溅得到处都是,裤子、鞋子全弄湿了。虽然妈妈多次阻止他的行为,但是洋洋只要有机会,就会去踩水,有时还转着圈踩,乐此不疲。妈妈没有办法,只得任其玩耍。

　　案例2:聪聪快两岁了,他特别喜欢玩沙子。这天妈妈带聪聪又来到沙池玩。一开始,聪聪只是用铲子挖沙子,后来聪聪学着一个小姐姐的样子用水桶提水,往沙子里倒水,在提水时,聪聪的动作跟踉跄跄的,妈妈想帮忙,被聪聪拒绝了。聪聪非常友好地跟在小姐姐后面提水、倒水。就这样来来回回好几趟,虽然动作看上去很吃力,还总是把水洒到外面,但是他非常专注、非常快乐。妈妈怕他摔倒,总

是想替他，但聪聪总是摆脱妈妈的帮助，喜欢自己做。提完水，聪聪
又和小姐姐一起玩湿湿的沙子，玩得不亦乐乎。

===== 分析 ▶

玩是宝宝的天性，也是宝宝学习成长的途径，是宝宝成长过程中非常
重要的活动。

一 玩是宝宝探索和成长的途径 ▶ ················

1—2岁是宝宝生理和心理迅速发育和发展的时期，这个时期的宝宝有
了强烈的自我意识，对外界充满了好奇，总是尝试着去做各种事情。如案
例1中，洋洋一看到水洼就跑过去踩，越踩越起劲，妈妈劝也不听。洋洋感
受到由自己身体的动作而产生了力量，让水洼发生了变化——水花四溅还
噗噗作响，这让他感到非常新奇，更激发了他下一步的探索行为。案例2
中，聪聪铲沙子、运沙子、提水、倒水等，都是在玩，而且是自主的玩。
在玩的过程中，宝宝获得了怎样使用工具的本领，初步尝试了人际交
往，观察到了事物的变化，锻炼了动作协调能力，初步体会到合作游戏
的快乐。

二 玩是宝宝感知觉发展的需要 ▶ ················

感知觉是宝宝所有认知活动的开端，宝宝的感觉器官就像是心灵的窗
户，刺激感官对大脑的发育有非常重要的影响。在玩水的过程中，宝宝通
过皮肤感知到水是凉凉的、流动的，这些刺激都会通过皮肤传递给大脑，
大脑就会把这些信息加工、储存，从而形成对水的认知。宝宝的探索方式
就是"做"，认知是"做"的产物。案例1中，洋洋妈妈最后的顺其自然，
为洋洋提供了"做"的机会。洋洋通过不断地在做"单脚踩，双脚交替
踩，转圈踩"等一系列运动，增强了腿部力量和动作的协调性，同时，丰

富了他的认知，促进了思维能力的发展。

另外，宝宝想象力的发展是建立在认知能力基础上的，所以家长要多让宝宝接触人、事、物，只有这样才能给宝宝提供多看、多听、多体验、多模仿的机会，就如聪聪模仿小姐姐提水、玩湿沙的行为。还有生活中年龄小的宝宝喜欢跟着年龄大的宝宝玩等，都是非常好的学习途径，会促进宝宝的认知，为培养宝宝的想象力奠定基础。

建议

1—2岁宝宝的学习方式，是用身体和动作去感知认识周围的一切。他们对这个世界充满了好奇，他们有自己的想法，会反反复复、没完没了地"玩耍"。宝宝的各种能力正是通过这些"玩耍"得到发展和提高，所以家长一定要宽容宝宝的失误，尊重宝宝的选择，遵从宝宝的意愿。

一 ▶ 打破束缚，"还给"宝宝自由

在生活中，许多家长怕宝宝弄脏衣服，怕宝宝形成不讲卫生的习惯，怕宝宝着凉，或者怕别人说自己不管宝宝等，常常阻止宝宝所谓的"调皮行为"，把宝宝培养成了所谓的"小绅士""小大人"，这样做严重剥夺了宝宝学习成长的机会。家长应该顺应宝宝的天性，还宝宝自由，让宝宝在自由玩耍中快乐成长。

对于1—2岁的宝宝而言，最好的学习方法是参与，参与到环境中，参与到与他人交往中，家长要允许宝宝有自由活动的时间，如让宝宝自由地搭积木，家长不需要教他怎样搭，只需要在一旁观察，当宝宝搭成功时及时表扬他。再如让宝宝自由地涂涂画画，家长不要评价宝宝画得好不好，更不要给宝宝做示范，无论宝宝画了什么都要给予赞许，这会给宝宝增添继续画画的信心。实践表明，在宽松的环境和轻松愉快的气氛中玩耍，更有利于宝宝的思维发展，特别是创造性思维的发展。所以，家长应该仔细、耐心地观察宝宝的行为，思考宝宝行为背后潜在的意义与价值，正确判断宝宝的需求，及时回应宝宝，让宝宝自由探索。

二 ▶ 提供物质和精神支持，促进宝宝丰富认知

为了让宝宝的"玩"更有趣更有意义，家长的支持非常重要。比如，宝宝喜欢玩沙子，家长不妨做好以下准备：小铲子、小动物模具、水桶、沙漏等各种工具，合适的衣服、鞋子等。再比如锻炼手部小肌肉能力的积木、拼插玩具、切水果玩具、画笔等；还有锻炼腿部肌肉力量的拖拉玩具；锻炼平衡能力的平衡车等等。

除了物质支持，精神支持也非常重要，所谓精神支持就是参与到宝宝的活动中和宝宝一起玩，如宝宝对水洼好奇，家长可以在确保安全的前提下，一方面让宝宝尽情地踩水，同时家长也可以加入踩水中来。

有了物质和精神上的支持，就能够保护宝宝的好奇，让他更加大胆地去探索。

三 ▶ 保护而不干预，让宝宝按自己的方式玩

家长在促进宝宝思维发展时，最需要做的就是两件事：一是给宝宝提供独立探索的机会；二是和宝宝互动，成为宝宝的榜样和支持者，帮助宝宝实现自己的潜能。也就是说，家长对宝宝的特殊行为要掌握"保护而不干预"的原则。生活中有些家长知道鼓励宝宝做自己喜欢的事，但是总是不放心，在一边不停地"指导"，打断宝宝的活动，希望宝宝学自己的样子做事。这样看似在帮助宝宝，实则严重打乱了宝宝的思维方式、活动规律，容易转移他的注意力，让他无所适从，使他不能完整地自主地去做一件事。家长的指导变成了一种压力，在压力和精神负担较大的情况下，宝宝的思路更倾向于墨守成规，没有创造性。所以请家长一定要做到"保护而不干预"，让宝宝按自己的方式玩。

四 ▶ "创造"安全的环境，守护宝宝的身心

宝宝的探索行为，会给他们带来无限的快乐和发展，家长应该大力鼓励和支持，但对于环境的安全和卫生要求不容忽视。因此，家长要注意以下几点。

1. 当宝宝玩水、玩沙时，不要穿开裆裤。

2. 不要让宝宝在建筑工地的沙堆上玩，沙堆中可能混有水泥，对宝宝的身体非常有害。

3. 家长要时刻关注宝宝，不要让宝宝将沙子和水弄到眼睛里。

4. 在宝宝玩沙子的时候，家长也要注意沙堆中是否混有钉子、玻璃碎渣等。

5. 宝宝在玩水、玩沙时，可以给宝宝准备一双小雨鞋或一双塑料鞋，准备随时替换的衣服，这样不仅能保护宝宝健康，还能让宝宝更加尽情地玩耍。

总之，无论是踩水洼、玩沙子，还是玩水、玩泥巴，这都是宝宝好玩的天性使然，家长要尊重宝宝的天性，并支持他自由玩耍。让宝宝在玩耍中体验快乐，在快乐中体验成功，在感受成功中树立自信，为宝宝的健康成长打下基础。

思考与应用

家长和宝宝一起做水变色的实验。准备透明的瓶子和颜料，往水里添加一滴颜料，观察水的变化；和宝宝一起用不同的颜料做不同的水；再将不同的水混合，观察又有什么变化。

保护好宝宝的专注力

一个人做事情是否专注，会在很大程度上影响做事的效果。1—2岁宝宝专注力发展的特点是什么？生活中的哪些因素会影响宝宝的专注力呢？在生活中如何提升宝宝的专注力呢？

案例

仔仔非常喜欢玩积木，在他1岁半的时候，就能将四五块积木垒搭在一起。每次搭成功后，仔仔都会回头看看爸爸妈妈，然后开心地拍手大笑，爸爸妈妈也开心地给他鼓掌并鼓励他说："哇，仔仔好棒，仔仔搭得好高！"有时积木放不稳倒塌了，他会重新搭。仔仔这样反复搭来搭去，能玩上十多分钟也不厌烦。但是，当姥姥陪仔仔搭积木时，姥姥总想教教他，如教他把大的放下面、小的放上面，教他搭小房子、小桥等。这种情况下仔仔很不耐心，不好好学，不一会儿就放下积木去玩别的了。

分析 ▶

专注是指个体对某一事物或活动极为专心的一种心理状态，是学习和解决各种问题的决定性条件，对于宝宝的成长非常重要。

一 宝宝的专注力受自身发育的影响 ▶

1—2岁的宝宝大脑发育尚未成熟，还不善于控制自己的注意力，会出现注意力分散和不足的问题。虽然他们也能有意识地注意，但是稳定性较差，受到干扰后很容易分散。因此在宝宝专注做事的过程中家长不宜打扰，像案例中姥姥的做法就破坏了宝宝做事的专注力。

二 宝宝的专注力受环境、兴趣的影响 ▶ ------------------------

宝宝的专注力不是单独存在的，它总是伴随着感知、记忆、思维等心理活动而存在，我们平常说专注是指专注于看什么、听什么、记什么或做什么，所以提升宝宝的专注力必须通过各种活动来进行。当宝宝看到感兴趣的事物时就会去探索，当宝宝在探索中有所发现时，就会产生更多的兴趣，宝宝就会更加专注地探索下去。这样的探索活动进行的多了，宝宝专注做事的习惯就形成了，宝宝的专注力也会得到提升。

因此让宝宝多接触不同的事物，激发宝宝的兴趣，让宝宝专注探索，将有利于提升宝宝的专注力。

三 宝宝的专注力受语言发展的影响 ▶ ------------------------

1岁以后宝宝开始说话了，能够对家长的指令做出反应。语言不仅能够引起宝宝的注意，还能支配宝宝的选择。比如，当宝宝听到妈妈说"宝宝骑车"时，宝宝的注意就会转移到车上。宝宝1岁半之后就能够集中注意在玩玩具、看书、看图片、念儿歌、听故事、看电视等活动上，这些活动都会为宝宝的学习提供机会。

所以，家长需要用语言引导宝宝的注意，增加注意的稳定性，提升宝宝的专注力。

建议

生活中，家长应该如何引导宝宝的注意，提升宝宝的专注力呢？

一 ▶ 做个会观察宝宝的家长

1—2岁的宝宝还处于语言储备期，很多词语还不会说。但是，不会说并不代表宝宝不会表达，当宝宝有需求时，他会用咿咿呀呀的语言，眼睛注视的方向或者肢体动作进行表达。家长不论是从安全的角度还是从了解宝宝的意图出发，要时刻观察宝宝的行为，尽量不要让视线离开宝宝，只有这样当宝宝有需求时，家长才能及时做出反应。如当发现宝宝反复将水从一个杯子倒到另一个杯子里时，说明宝宝对探索流动的事物感兴趣了。再如当宝宝想探索高处的事物时，家长需要把他抱起来；宝宝想看图书，家长就对图书的内容做简单准确的讲述，会更有助于宝宝喜欢上阅读。

二 ▶ 做个会陪宝宝玩的家长

1—2岁的宝宝受能力、认知水平及经验的限制，他的探索活动只停留在表面，还不能维持较长的时间，这就需要家长的支持与陪伴。比如玩水，家长可以在水中放上大大小小的容器，让宝宝练习舀水、倒水，让宝宝感受水的温度，水的流动性以及容器的大小等；在水中放上海绵或棉布，就能让宝宝探索这些物品的吸水性；在水中放上不同材料的物品，就能让宝宝探索不同材料在水中的沉浮现象等。如果没有家长的这些支持宝宝的玩水可能只会停留在拍水花的层面，专注的时间不会很长。

因此经常陪宝宝玩，能够促进宝宝的语言、认知以及自制力和专注力的发展。

三 ▶ 做个会鼓励宝宝的家长

对事物外在的新鲜感是吸引宝宝兴趣的外在因素，这种外在的吸引力持续的时间不会很长，当新鲜感没有了兴趣就消失了。成就感是兴趣得以持续的内部奖赏，是坚持和专注的根本动机。宝宝获得成就感，就会更加热情地参与活动，并且可以自觉地排除干扰、投入注意。宝宝最初的成就感来自家长对他的鼓励与赞美。就像案例1中，得到爸爸妈妈鼓励的仔仔能够很有兴趣的搭积木，他的专注力得到了很好的保护。

另外，1—2岁的宝宝正处于通过积极探索发现新世界，发现自己新能力的阶段。作为家长就应鼓励宝宝的探索热情，提升与他们日常生活相关的能力；能力提高了，宝宝就更容易做事情，专注力也在做事情的过程中得到提升。例如，鼓励宝宝自己吃饭、洗手、剥橘子皮、拿鞋袜……

四 ▶ 做个不打扰宝宝的家长

生活中经常出现这样的情景：当宝宝正在做某件事时，家长一会儿喂水，一会儿喂食物，一会儿看看有没有排便，一会儿又给宝宝拍照，如果再加上不断地唠叨，可想而知宝宝总是被打断，怎么能专注地进行探索呢？所以当宝宝自己玩的时候，如果宝宝不主动请求家长帮忙，家长不妨就在一旁陪伴，当宝宝真正有需求时，他会用自己的方式与家长主动沟通与交流的。

另外，温暖祥和的家庭氛围也很重要，父母之间充满爱与和谐，宝宝的安全感就强，做事就更安心、更专注。

总之，对于1—2岁的宝宝来说，当外部环境能顺应宝宝内在的发展规律，二者协调一致时，宝宝便更顺畅、更良好的经历各个成长阶段，从而获得更好的发展。所以，家长要满足宝宝探索的欲望，让宝宝在动手探索的过程中提升专注力。

思考与应用

游戏"积木找朋友"：准备积木，家长随意拿一个积木，让宝宝找到和它一样形状的积木，给积木都找到"好朋友"。

第11课 帮助宝宝顺利度过社交启蒙期

1岁多的宝宝大多数时间都和家长在一起，很多宝宝和同龄宝宝在一起时都是各玩各的，还时常会有矛盾产生。很多家长都会有疑问，这个阶段的宝宝是否需要和同龄人一起玩呢？家长应该如何正确引导宝宝的交往呢？

案例

乐乐1岁半了，每天妈妈都会带乐乐出去玩。一天上午，乐乐碰到了和他差不多大的天天，天天在滑滑梯，乐乐看到后也去滑滑梯，两个人还排队，一个在前一个在后，前面的滑下来，后面再接着滑，玩得还挺开心。

过了一会儿，乐乐拿出最喜欢的小皮球玩。他拿起球，扔出去，然后再捡回来，循环往复，乐此不疲。天天看到了也想玩，就和乐乐一起追球，乐乐一看天天要拿自己的球，就快速跑过去把球抱在怀里，天天一看球被拿走了就去抢，抢不到就推了乐乐一下，乐乐坐在地上哭了起来。

分析

1岁多的宝宝进入了社会交往的启蒙阶段。虽然他们还没有固定的"朋友"，但是已经开始关注同龄小朋友了，并且喜欢观察和模仿其他小朋友的行为，像案例中的乐乐看到天天滑滑梯也会去滑，而天天看到乐乐玩球也会去玩，这其实是宝宝开始寻求同伴交往的信号。这个阶段宝宝之间的交往对未来的社会交往有重要的影响，家长需要重视并了解这个阶段宝宝交往的特点，给宝宝正确的引导。

一 宝宝交往的特点 ▶

1岁多的宝宝自我意识刚刚萌芽，非常以自我为中心，他们和同伴的交往常常会不如人意，时常发生争抢玩具、互相推搡等行为，这都是正常的。在宝宝的认识里，自己的物品是自己的组成部分是不会轻易分享出去的，而宝宝对于喜欢的物品，也会认为是自己的物品，因此这个阶段的宝宝很容易因为争抢喜欢的玩具或食物与同伴发生争执。另外，宝宝还无法表达自己的想法，很容易使用打人或咬人的方式表达自己的情绪。

如果家长因为宝宝年龄还小、又容易惹麻烦，就干脆不让宝宝与同伴玩耍，这样做无异于因噎废食，会阻碍宝宝正常的社交发展。

二 宝宝交往的重要性 ▶

大量研究表明，宝宝与他人交往有助于提高他的交往能力，产生更多积极、友好的社会行为，更好地融入集体，适应社会。

社会交往能够提高宝宝的表达和沟通能力。宝宝在与同伴的游戏过程中，逐渐学会表达自己的想法，倾听别人的感受，学会控制自己的情绪，如何与他人沟通协商，解决问题和冲突，逐步发展、丰富自己的社交策略。

另外，社会交往能够提高宝宝的共情能力和规则意识。宝宝在与他人的沟通交流过程中认识到有时候别人的想法会跟自己不一样，从而慢慢发展出共情能力，慢慢学会通过同伴的反馈来调整自己的社交行为，从而具备规则意识，学会遵守社交规则。

宝宝的表达与沟通能力、共情能力、规则意识都是在交往过程中培养起来的。

建议

> 每个宝宝都是从不会交往慢慢学会的，就像学走路的过程都要经历摔跤一样，只有跌倒过，才能学会爬起来。因此，家长要像陪宝宝学走路一样，耐心地给予宝宝社交启蒙阶段的帮助和指导。

一▶ 给宝宝创造交往的机会

家长可以多带宝宝去邻居家里做客，在小区里散步时，和邻居小朋友一起游戏，还可以多带宝宝去儿童乐园等，让宝宝有接触同伴的机会，并适时地引导宝宝关注、观察别人，使他们产生交往的兴趣，表达对对方的友善态度。比如，"她掉了块积木，你帮她捡起来，好不好"。

二▶ 引导宝宝关心和理解他人

1岁的宝宝还不明白别人会有不同于自己的观点和感受，更不会设身处地替别人着想，在玩耍的过程中常常与小伙伴发生冲突。因此，家长要尽量陪伴在旁边，给予必要的引导。

比如，宝宝玩腻了自己的玩具，想抢别人玩具的时候，引导宝宝与小朋友沟通协商，如微笑着对小朋友说："我和你换个球玩好吗？"如果对方不同意，可以再换个小朋友商量，让宝宝观察和模仿。

如果宝宝在与小朋友做游戏时，不小心弄疼了别人，家长要教他学会说对不起。

如果宝宝的东西总被别人抢走，可以教给宝宝正确的应对方法，学会沟通技巧。比如，对小朋友说："对不起，我还要玩，等一下再给你玩"；或者干脆同意，大方地说："好的，我跟你换着玩"；或者由家长发起，制定一个一起玩的规则。

三 ▶ 保护宝宝的自我意识，不强迫宝宝分享

家长都希望宝宝表现得大方，具有分享意识，能把自己的玩具或好吃的分享给他人。当宝宝表现得自私的时候，家长就会批评宝宝"小气"。其实，这个要求对1岁多的宝宝来说，不合适。

1岁的宝宝正在建立自己的物权概念，在他们的心里，所有的东西都是"我的"，他们无法理解为什么"我的"东西要与别人分享。而且，这个年龄的宝宝，也不能理解"借给小朋友玩一会儿再还回来"这种事，因为对他们来说东西一旦离开自己的手，就意味着不属于自己了。因此，只有当他发展到能够理解分享是一件快乐的事情时，再引导他学习分享。

对宝宝来说，发展出良好的物权意识，比强迫他去分享更为重要。

四 ▶ 与宝宝一起互动、游戏

1岁宝宝的交往对象更多时候是家长，家长可以在与宝宝的互动和游戏中，借机对宝宝进行社交启蒙教育。

比如，家长可以邀请宝宝和自己一起做家务、整理玩具，让宝宝体验帮助与合作，还可以让宝宝把自己最喜欢的东西分享给家长。在这样的互动中，宝宝会产生更加丰富的情感，注意观察和了解别人的情绪，表达自己的情绪和感受。1岁的宝宝还经常会玩一些模仿游戏，假装游戏等。当他假装给你"倒水"时，你要配合他，端着杯子假装喝水，并对宝宝说"谢谢"。在与宝宝一起读绘本讲故事的时候，帮助宝宝了解和体会主人公的感受等等。在日常交往过程中，逐步提高宝宝的语言表达与沟通能力、共情能力，帮助宝宝积累交往经验，提升宝宝的交往能力。

思考与应用

1. 家长和宝宝一起阅读交往类的绘本，让宝宝学习交朋友的方法。

2. 分享生活中宝宝的交往故事。

第12课
正确应对宝宝的秩序敏感期

宝宝在1岁半左右会进入秩序敏感期，秩序井然会让他感到舒适，秩序打乱会让他烦躁。在这个时期，家长如果能够正确地认识并科学地应对，会对宝宝规则意识的建立打下良好基础。那么，家长应该如何做呢？

案例

妈妈正在和小贝玩捉迷藏的游戏。妈妈捂着眼睛等小贝藏起来，等了半天都没有动静，妈妈悄悄地走过去看小贝在干什么，谁知小贝正拿着爸爸的一只鞋子笨拙地往鞋架上放。看到妈妈来了，小贝着急地用手指着鞋架说"放在这里"。妈妈猜到小贝的意思，就帮着小贝把鞋子都放到了鞋架上。这时小贝才又高兴地和妈妈继续游戏。

吃晚饭的时候，爸爸坐在了平时妈妈坐的位子上喂小贝吃饭。小贝不但不吃还哭了起来，爸爸哄了半天也不行；直到妈妈过来，爸爸坐回到自己的座位上，小贝才停止了哭。

妈妈发现这段时间小贝对家里的物品摆放很在意，只要发现不在原来的位置他就必须要纠正过来，不让纠正他就哭闹不休。也不知道是什么原因？

分析 ▶

1—2岁是宝宝建立秩序感的阶段，宝宝会通过外部环境中的人、事、物之间的变化和规律建立自己的秩序，这是形成规则意识的基础。家长要了解宝宝在这个阶段的成长规律，助力宝宝的成长。

一 秩序敏感期的行为特点 ▶▶▶▶▶▶▶▶▶▶▶▶▶

处于秩序敏感期的宝宝对物品摆放的位置、做事情的顺序、物品的所有权等有着近乎苛刻的要求。如果已经建立的秩序被打乱，宝宝就会感到不安、焦虑，甚至发脾气。当物归原处后，宝宝的情绪才会慢慢稳定。案例中的小贝爸爸吃饭时没有坐在自己的固定座位上，这打破了小贝已形成的秩序，给小贝造成不适，所以他才会焦虑、哭闹。

这个年龄的宝宝喜欢在"有序的位置"找到物品。在宝宝的意识中，每个东西都有自己的"家"，这个"家"就是这个东西最初放置的地方。一旦固有的秩序被破坏，宝宝就会感到极大的不适。比如，玩具、鞋子要摆放在同一个地方；吃奶用同一个奶瓶；出去玩要戴同一顶帽子，去公园或超市只能走同一条马路；反复地听同一首儿歌，等等。案例中的小贝也是相同的情况，他认为鞋子是应该放在鞋架上的，当发现爸爸的鞋子没有放在鞋架上的时候，已有秩序被破坏，致使小贝心里不舒服，只有把鞋子放到他认为应该放的地方后，宝宝心里才会感到舒服。

二 秩序敏感期的发展阶段 ▶▶▶▶▶▶▶▶▶▶▶▶▶

宝宝秩序感的发展会呈现出三个不同的阶段：一是因为秩序被破坏而哭闹不停，直至秩序恢复；二是自我意识的出现，他们会为了维护自己认定的秩序而坚决说"不"；三就是让人头疼的固执，他们会因为自己的秩序遭到破坏而要求重新来。

1岁半左右宝宝的外在秩序主要体现在生活习惯与物品摆放方面，如睡觉要固定的人陪，他喜欢的玩具放在他喜欢的位置等。宝宝内在的秩序主要体现在一日活动的生物钟方面，以及处理问题时的思路等，如固定的时间要求出去玩，饿了、困了用哭闹来表达等。家长要站在宝宝的角度去理解宝宝，帮助他们顺利度过秩序敏感期。

三 秩序敏感期对宝宝发展的影响 ▶

秩序对宝宝的成长至关重要，秩序能够给宝宝带来安全感。在宝宝眼里，世界是以不变的秩序存在的，宝宝在这样有序的环境中确定了自己的位置，内心才会感到安全。另外，外在的有序能够让内在的思维变得有条不紊。外在环境的有序或者混乱，会直接影响宝宝内在思维的条理性。如果错过了宝宝的秩序敏感期，或者家长因不当行为破坏了宝宝秩序感的建立，那就需要付出更多努力来修复。

建议

对处于秩序敏感期的宝宝，家长要给予充分的耐心，为宝宝提供有利于宝宝建立良好秩序感的外在环境和条件。

一 ▶ 顺应宝宝秩序感的发展需求

在宝宝秩序感形成的敏感期，当家长的首先要理解宝宝的内在秩序需求，如爸爸的外套披在妈妈身上，宝宝会让妈妈脱下来，他们认为爸爸的外套不应该出现在妈妈的身上。此时最好的应对方法是：顺应宝宝的需要。

宝宝除了对物品归属的秩序非常敏感和执着外，对做事的顺序也是其内在秩序的一种表现，如宝宝平时穿衣服的顺序是衣服、裤子、袜子，如果家长先帮助穿了裤子，宝宝会哭着脱下来，重新按照原有的顺序再穿一遍。作为家长如果了解宝宝行为背后的原因，就不会认为这是宝宝的执拗行为了。

二 ▶ 为宝宝创建整洁的生活环境

如果宝宝经常感受的是井然有序的家庭环境，和和睦睦的家庭氛围，整洁规则的周边小区，那么宝宝就容易形成追求文明、遵守规则的美好心理。对于宝宝来说，秩序井然的生活环境是其获得安全感的基础。

所以家长应该尊重宝宝，并且帮助他们维持内心秩序的稳定。家长只有满足宝宝内在的发展需要，他才能发展出良好的行为、个性，有个健康的心理。

三 ▶ 帮助宝宝建立秩序感

秩序感一旦形成，会让宝宝终身受益的。因此，作为家长，在日常生活中要有意识地培养宝宝的秩序感。例如，进门就换拖鞋，吃饭要端坐在自己的位子上，垃圾放在垃圾箱里……在帮助宝宝建立秩序感的同时，家长也要了解宝宝的身心发育特点，由于年龄原因，宝宝常常心有余而力不足。家长可以为宝宝示范一半并把另一半留给他做。这样既能帮助宝宝约束和规范自己的行为，培养他们一定的社会责任感，还能保护宝宝的自信心。在家长有意识地培养下，宝宝的秩序感逐步建立。

思考与应用

　　和宝宝一起玩"送物品回家"的游戏，满足宝宝的物品归纳兴趣的同时让家里物品整洁有序。

宝宝成长的道路不是一成不变的，而是有内在节奏和时间节点，即所谓的关键期。家长能将宝宝成长过程中的关键期抓得准，引导恰当，对宝宝的教育和培养就会事半功倍。

所有宝宝内心深处都有"想要被人爱""想要被认可""想要被赞赏"的愿望，家长应在日常生活中通过多种有趣的游戏，培养宝宝积极快乐的心境，强化宝宝好奇、好动、爱探究的天性，对宝宝勇敢的尝试给予鼓励和赞赏，当宝宝主动表达想法时，给出积极的回应，让宝宝在家长的爱与关注中获得成长。

恰当的教养策略，既需要科学的育儿理念，又需要切实可行的育儿方法，更需要因人而异地灵活运用。好的家长应该既是学习者，又是实践者和反思者。本篇内容提醒家长正确看待宝宝成长中出现的各种"问题"，尽可能避免和减少教养失误，学会创建有利于宝宝成长的环境，建立与宝宝的亲密关系，促进宝宝健康快乐成长。

第13课
引导宝宝讲卫生

　　1—2岁的宝宝总是不停地摸这儿碰那儿，不洗手就吃东西，影响宝宝的健康。想要宝宝身体健康，讲卫生是关键，家长要积极引导宝宝，养成良好的卫生习惯。

案 例

　　13个月的糖糖好奇心特别强，一睁眼就一刻不停到处玩，经常一转眼就爬到了另一个房间。有时，他爬到半路看到感兴趣的东西会拿在手里，甚至用嘴咬，这时候妈妈告诉他不干净，可以玩但是不能放嘴里，再让他看看自己的小手，也告诉他手已经脏了，不能放嘴里。玩完后，带他去把手洗干净，边洗手边说："小手玩玩具，小手洗干净，宝宝讲卫生，宝宝乐哈哈"。

分析 ▶

　　1—2岁的宝宝好奇心强，喜欢这里摸摸、那里碰碰，到处探索不停歇……这时候，宝宝处于感知运动阶段，他会用身体的不同部位去接触外界的物体，从而获得对外界的认知。家长要充分了解1—2岁宝宝的年龄特点，做好日常卫生习惯的培养。

　　习惯是人们在生活中逐渐养成的，一种不容易改变的行为、态度和倾向。讲卫生是一个人应该具备的最基本的生活技能，是身体健康的保证。保持良好的卫生习惯，可以有效地规避疾病的发生，让宝宝更加健康的成长。案例中的糖糖在地上爬过后，身上、手上、衣服上及玩具上都携带了很多的灰尘，这些灰尘中有大量的细菌，宝宝免疫力低下，很容易被病菌入侵患上疾病。家长及时运用儿歌对宝宝进行正确引导，长期坚持下去，宝宝就能形成玩耍后洗手的好习惯。

良好的卫生习惯不仅能够保证宝宝的健康，也能够帮助宝宝拥有条理、规律的生活。1—2岁的宝宝处于秩序敏感期，对秩序感有强烈的要求，这个阶段正是培养宝宝规则意识的良好契机。家长可以引导宝宝自己洗手、洗脸，晚上定时刷牙，定点睡觉，帮助宝宝将这些行为形成习惯，定成规则，这样既有利于宝宝的身体健康，还可以帮助宝宝建立起做事讲规则的意识。

建议

一 给宝宝创造干净整洁的居家环境

干净整洁的居家环境，会给宝宝潜移默化的影响。在干净舒适的环境中玩耍，会降低宝宝的患病概率，宝宝的心情也会愉悦，有利于宝宝的健康成长。家长在做家务的时候，不妨邀请宝宝加入进来，让宝宝明白讲卫生的好处和重要性，体会到家长劳动的辛苦，增强家庭责任感。

二 通过绘本让宝宝讲卫生

1—2岁的宝宝，可以亲子共读讲卫生的绘本，从绘本中学习讲卫生的重要性，如绘本《牙齿大街的新鲜事儿》中，家长可以用绘本中的细菌角色和宝宝进行互动，让宝宝打败细菌爱上刷牙。家长针对自己的宝宝出现的卫生行为，也可以自编相对应的故事，让宝宝成为故事的主人公，一个正面的事例，一个反面的事例，让宝宝自己来当裁判员，家长及时地点评，加强宝宝的印象。让好的卫生习惯深深地映入宝宝的脑海，成为讲卫生的好宝宝。

三 ▶ 在日常生活中培养良好卫生习惯

良好卫生习惯的养成并不是一朝一夕可以做到的，也不是简单说说就可以的，而是要将其融入宝宝的生活细节中，让宝宝受到潜移默化的影响，不知不觉养成良好的卫生习惯。

（一）洗手

家长用简单的语言为宝宝解释洗手的重要性，并为宝宝示范洗手的正确方法，明确每天必要洗手的时间点，例如饭前、如厕后、外出回家时、玩耍结束时……家长可以唱一首简单的歌曲，让宝宝确保至少洗手20秒。念唱童谣洗手歌，可以让宝宝愉快洗手："宝宝爱干净，回家要洗手。打开水龙头，小手来洗洗。泡泡多又多，小手真干净。冲去小泡泡，小手香又香。"洗完甩一甩："一二三，甩甩干！"最后毛巾擦干。当宝宝熟悉儿歌后，就可以跟妈妈一起念或自己单独念，边念边洗，养成良好的卫生习惯。

（二）刷牙

健康的乳牙有助于宝宝的正常发育，家长要坚持每天早晚和宝宝一起刷牙，教给宝宝护牙的简单方法，对宝宝的参与及时给予鼓励。一是引导宝宝在镜子中观察牙缝、口腔中的食物残渣。二是和宝宝一起刷牙，家长示范刷牙和漱口的方法。三是家长辅助宝宝刷牙，让宝宝将刷毛放在牙齿近牙龈部位，提示他刷牙时不要太用力。四是念儿歌引导宝宝刷牙，"小牙刷，手中拿，早晚都要刷刷牙。脏东西，都刷掉，满嘴小牙白花花"。五是示范清洗牙具并用毛巾擦干嘴巴，鼓励宝宝模仿。

（三）沐浴

1—2岁的宝宝大多喜欢玩水，家长给宝宝往澡盆中放入适合的玩具、小毛巾等让他摆弄玩耍，再加上家长的轻柔搓洗，洗澡会变成好玩的玩水游戏，让宝宝感觉洗澡非常有趣，更加利于宝宝卫生习惯的养成。家长在给宝宝洗澡时，一定要注意安全，洗头时可以让宝宝戴上洗发帽，避免水流进入宝宝的耳朵或眼睛里，防止宝宝对洗头产生抵触。在洗的过程中，宝宝还会模仿家长撩水搓洗、打肥皂等，家长要鼓励、保护宝宝独立洗澡的想法。有的宝宝洗澡后会在水中玩耍很长时间，家长要适当地满足他玩耍的愿望，用好玩的故事或游戏吸引宝宝及时出来不要着凉，帮宝宝养成喜欢洗澡的卫生习惯。

思考与应用

音乐游戏"我爱洗澡"：家长和宝宝跟随《我爱洗澡》的音乐，做音乐律动。

第14课 规律作息很重要

很多家长对宝宝作息不规律的问题困扰不已，如早上赖床，越到晚上越精神等。其实，宝宝不规律的作息和宝宝的年龄特点与家长的教养方式有关。如何培养宝宝有规律的作息习惯呢？

案例

1岁半的豆豆，白天比较温和听话，可一旦到了晚上睡觉时间，难题就出现了。他会乖乖上床，可是上床没多久便又喊着要喝水、再抱一下、上厕所、吃面包或喝奶，一直"折腾"到晚上11点，妈妈困得眼睛睁不开，他却精力旺盛。为此，妈妈很发愁，分析了一下原因，可能与白天的生活安排有关。豆豆早上10点醒来吃早餐，午餐推迟到下午2点左右，稍作休息后奶奶便哄着睡午觉，瞅着宝宝熟睡的样子奶奶不忍心叫醒，睡到下午5点钟才起床。因此，晚上豆豆兴奋不已，"折腾"不停，毫无睡意……

分析 ▶

生活中，有很多宝宝如案例中的豆豆一样，容易出现越到晚上越兴奋的现象。那么，生活中哪些原因会影响宝宝的睡眠呢？

一 家长的纵容影响宝宝的睡眠 ▶

宝宝晚睡晚起的"坏"习惯，与家长的纵容娇惯是分不开的。因此，宝宝的不良习惯就慢慢养成，甚至还学会了"变本加厉"。很多家长在白天对宝宝的作息不做要求，早上不按时叫宝宝起床，导致宝宝白天的活动时间推迟，晚上睡觉的时间也会推迟。即使宝宝能够按时起床，但是在带宝宝外出游戏时，一味地满足宝宝的要求，将游戏时间变长，宝宝的午睡时间就会变晚，由于游玩的时间长，宝宝过于劳累，午睡的时间就会变长，很容易睡到傍晚，这样宝宝晚上睡觉的时间肯定会受影响。

如案例中的豆豆晚上熬夜，早上赖床，其实就是因为奶奶对他白天活动的纵容引起的，豆豆白天睡的时间过长就直接导致体内生物钟混乱，晚上不睡，早上不起。

二　过度兴奋影响宝宝入睡 ▶

1—2岁的宝宝大脑皮层尚未发育完全，神经系统非常容易兴奋，加上本身自我控制能力弱，很容易因为过度兴奋或情绪波动而入睡困难。很多家庭中，宝宝白天都是老人看，到了晚上家长才回家。回家后家长就会和宝宝一起玩，使宝宝玩得既高兴又兴奋，即使到了睡觉时间，宝宝也很难控制自己的情绪，导致难以入睡。

三　规律作息有助于宝宝身体发育 ▶

人们常说："早睡早起身体好。"为什么这样说呢？因为宝宝一天所需要的50%以上的生长激素都来自晚上10点到凌晨1点之间的深度睡眠，宝宝入睡后，需要一个小时到一个半小时的时间，才能达到深度睡眠。因此，从晚上8点左右，家长要帮助宝宝做睡前准备，大约半小时让孩子上床入睡。帮宝宝养成良好的睡眠习惯对宝宝的健康成长非常重要。

规律作息的习惯有助于宝宝的健康成长。1岁多的宝宝处于秩序敏感期，良好的作息规律对宝宝未来良好习惯养成有重要的促进作用。

建议

每个人体内都有调节一天时间的隐形生物钟，宝宝也一样。如果想让宝宝在家长希望的时间睡觉，就要把宝宝体内的生物钟调整到相应时间。家长要有意识地培养宝宝的生活规律，从而调整宝宝的生物钟节律，让宝宝建立正确的条件反射，养成良好的生活习惯。

一 ▶ 培养宝宝良好的睡眠习惯

1岁以后，宝宝和成人的作息几乎没有多大差异了，家长应该帮助宝宝形成早睡早起的好习惯。

首先，晚上准备引导宝宝入睡的时候，家人要统一行动，如说话音量要小，关闭电视，不玩手机，关闭灯光，给宝宝营造一个良好的入睡环境。其次，家长要给宝宝建立一个睡眠流程，如睡前尽量减少太激烈或是太亢奋的活动，要让宝宝知道接下来要睡觉了。睡前仪式尤为重要，如听轻柔音乐，看绘本故事，让自己和宝宝一起静下来，做好睡前准备。

对于回家较晚的父母，也不能随意打破宝宝的睡眠习惯，家长要控制回家后和宝宝的互动内容，不要玩过于活跃的游戏，尽量让宝宝安静下来。

二 ▶ 合理安排宝宝白天的活动

宝宝的睡眠周期由大脑控制，午睡是自然睡觉周期的一部分。随着年龄的增长，宝宝的午睡时间会发生变化，时间逐渐缩短。1—2岁宝宝午睡时间大约为1.5—2小时，家长要把握好时间，按时入睡，定点起床，逐步帮助宝宝养成良好的午睡习惯。

1—2岁的宝宝处于生长发育旺盛期，精力非常充足。因此，白天家长要多带宝宝参加户外活动，即接受阳光照射，促进钙的吸收，增强身体抵抗力，又能让他们的精力得到适当的发泄，提高睡眠质量。

三 ▶ 哄睡宝宝要坚持原则

有时宝宝哭闹，大人会逗乐，以求停止哭闹，但哭闹可能是疲劳引起的。当务之急不是靠逗乐熬过困倦时光，而是要及时安排睡眠，并对哄睡有所坚持，避免错过易睡窗口。尤其缺觉的情况下及时甚至提早哄睡很有必要。实际生活中，每个宝宝都会有自己的睡觉习惯，有的宝宝喜欢听催眠曲，有的宝宝喜欢轻拍，也有的需要抱着睡，家长在哄睡的过程中要尽量减少催眠的做法，降低宝宝的依赖性，让宝宝在昏暗的灯光和安静的环境中自然入睡。

作为家长要尽可能坚持原则，应对宝宝的各种"折腾"，心平气和、耐心细致的进行科学引导。要知道，一个规律的作息，其实是需要家长和宝宝共同的、长期的努力和配合，因此，家长要放平心态，理性处理，循序渐进。

思考与应用

　　睡前"亲子时光"：家长可以选择舒缓的音乐，并在音乐中给宝宝讲故事，让宝宝安静入睡。

第15课
帮助宝宝养成独立进餐的习惯

1—2岁的宝宝对食物特别感兴趣，开始跟大人一样吃饭，喜欢和食物亲密接触——用手抓、用手捏、用勺子扒、用碗喝等，尽管汤、米粒撒得到处都是，宝宝还是乐此不疲。对于餐具他们也会特别感兴趣，如勺子、碗和筷子等。这个时期，是培养宝宝独立进餐习惯的关键时期。

案例

一天早餐吃面条，1岁多的朵朵拿着勺子在碗里好一顿倒腾，终于吃到了一根面条，后来有点着急了就直接端起碗来往嘴里倒，结果弄得脸上、身上都是面条。她一会抓起面条放到嘴里，一会又用手捏着面条玩，最后竟把碗扣到了头上。

朵朵奶奶看到后，马上坐到她身边拿起勺子开始喂，嘴里还埋怨孩子弄得乱七八糟。朵朵妈妈说："应该让她自己锻炼着吃，不然以后就要天天喂。"奶奶说："孩子还这么小，把饭弄得满身都是，根本吃不进去，哪能吃饱啊，等她长大了就能自己吃饭了。"为了让朵朵安静吃饭，奶奶还特意给朵朵看动画片。

从此以后，每次吃饭朵朵都要人喂，妈妈为此头疼不已。

分析 ▶

案例中的朵朵喜欢自己吃饭了，这应该是让人惊喜的事情，这表示朵朵已开始建立自我意识，奶奶的举动却帮了"倒忙"。1—2岁宝宝的自我意识开始萌发，想要自己尝试并完成一些事情，这是培养宝宝独立进餐习惯的关键时期。如果像案例中的奶奶一样喂宝宝吃饭，就会阻碍宝宝的正常发展。让宝宝自己吃饭既能锻炼宝宝的手眼协调能力，又能让宝宝体验到成就感，有利于宝宝的健康成长。

一 宝宝自己吃饭，有助于宝宝身体协调能力的发展 ▶

这个阶段的宝宝模仿能力很强，他能够模仿家长的动作，自己拿起勺子，并不断地尝试把食物送到自己的嘴里。宝宝在模仿的过程中，需要控制手部的肌肉动作，让手眼协调，将食物准确地送到自己的嘴里，这一系列的动作，能够锻炼宝宝手部的肌肉控制，促进手眼协调能力的发展，让宝宝手部动作越来越灵活。动手其实就是动脑，动手的同时也会刺激宝宝大脑的发育，让宝宝更聪明。

二 宝宝自己吃饭，可以让宝宝更独立 ▶

1—2岁的宝宝独立意识萌发，这个阶段宝宝会特别想要独立，会自己走路、自己探索、自己拿东西、自己吃饭……什么都想自己尝试一下，在不断地尝试中逐步掌握这些技能，为宝宝独立做事打下基础。

当宝宝吃饭时，宝宝会主动要求拿勺子自己吃，开始的时候可能会把饭弄得到处都是，再无法熟练使用勺子的时候，宝宝还会用手直接拿饭吃。这种独立吃饭的过程，会让宝宝发现自己可以独立做很多事，也会让宝宝变得更加自信。而案例中，朵朵奶奶的做法则剥夺了朵朵锻炼的机会，导致朵朵三岁还未形成良好的进餐习惯。

建议

引导宝宝学会独立进餐，家长应该怎么做呢？

一 ▶ 家庭成员的教育理念要一致

引导宝宝独立进餐，家庭成员的意见统一是关键。不要出现一位家长要求宝宝自己吃，另一位却担心宝宝自己吃不饱、吃不好，忍不住喂宝宝的情况，这样做只会让宝宝依赖家长喂饭，不愿意尝试自己吃饭。

宝宝刚开始学着自己进餐时，离不开家长的鼓励和帮助，但是也不要过度关注宝宝吃了什么，吃了多少，有没有撒饭等。这样很容易让宝宝对自己吃饭产生压力，不利于宝宝独立进餐习惯的培养。

二 ▶ 创造愉悦的进餐环境

轻松愉悦的进餐氛围会激发宝宝的食欲，让宝宝享受吃饭的过程。吃饭时，家长可以和宝宝谈论吃哪些食物会让人更有力气，什么蔬菜会让宝宝变得漂亮……以此唤起宝宝吃饭的兴趣。

家长可以考虑为宝宝购置儿童餐椅，每天到了吃饭的时间，吸引宝宝坐在餐椅上，宝宝会觉得很有趣，更愿意进餐。宝宝和家长坐在一起进餐，能观察家长进餐的细节，学习正确的使用餐具。家长可以为宝宝提供颜色较鲜艳并带有卡通图案大小合适的餐具，这可以激发宝宝的兴趣，让宝宝主动使用餐具去吃饭，迈出独立进餐的第一步。

三 ▶ 用游戏提高宝宝的手眼协调能力

在宝宝的眼中，进餐是一个好玩的游戏，抓着勺子当玩具，边吃边玩，甚至用手抓饭吃，出现饭菜撒的满桌满身的场景。这是因为宝宝手部动作还不够灵活，进餐技能需要提高。家长可以通过游戏的方式锻炼宝宝的手眼协调能力，为独立进餐打好基础。

四 ▶ 为宝宝提供营养膳食

膳食的合理搭配不仅能保证足够的营养，还能让宝宝感受各种口味的魅力，激发宝宝的进餐兴趣。

第一，食物的色彩搭配，如红黄搭配的番茄炒蛋、红绿搭配的西兰花虾仁、多色搭配的五彩蝴蝶面等，这些色彩对比鲜明的食物搭配在一起，能够有效刺激宝宝的食欲。

第二，荤素搭配，能够确保宝宝获得足够的优质蛋白质、氨基酸、各种维生素、膳食纤维等。如山药炖排骨、杂蔬鸡肉丸子、鳕鱼西兰花意面等，有荤有素、口味丰富，宝宝往往非常喜欢。

第三，粗细粮搭配，可以避免维生素B1缺乏症，且锻炼宝宝的咀嚼能力，如主食可以吃米饭、粥、小馒头、小馄饨等。家长还可以将面食做成丰富的造型，这样宝宝会更喜欢。

第四，合理的烹调方式。在烹调方法上采用蒸、煮、炖、炒、烧为主，不宜油炸。添加调味品的时候，也以清淡为主。

思考与应用

　　亲子游戏"给小动物喂食"：将大可乐瓶当作小动物玩具，瓶身上方挖一个大洞当作小动物的嘴巴，为了更加形象，可以在"嘴巴"周围贴上动物的图片。准备好小勺子、豆子或纸团若干。鼓励宝宝用勺子将豆子或是纸团喂进"小动物"嘴里。

第16课
"假装游戏"促进宝宝的成长

很多1—2岁的宝宝都喜欢把玩偶当成有生命的个体，经常像模像样地对着它们说话，假装和它们一起玩游戏、一起"过家家"。作为家长，当看到宝宝在玩假装游戏时，不必担心，不必制止，更不能取笑，你可以加入他的游戏，听听他的奇思妙想，还可以帮他"出谋划策"。家长的参与，一定会增加宝宝的游戏兴趣，让宝宝学到更多的东西。

案例

快两岁的诺诺躺在一只毛绒小狗的身上，右手拿着一个积木放在耳朵上假装打电话，打完电话她开始喝牛奶，自己喝几口，再把奶嘴递到小猪佩奇的嘴巴前，发出"吧唧吧唧"声，然后自己再喝几口，喝完奶后，又调皮地把一片面包扣在头上，说这是"帽子"。吃完早餐她把洋娃娃放进了小推车里，为娃娃盖上被子，在屋子里来回推着走，并学着大人的模样给娃娃唱歌，哄它睡觉。

她还非常喜欢玩厨房游戏，一边摆弄各种塑料炊具，一边自言自语"做饭""煮饺子"，她有时还会穿上妈妈的大鞋，身上背一个小包，摇摇晃晃地往门外走，说"拜拜，我去上班啦"。

分析 ▶

案例中诺诺的行为表现有一个专有的名字——"假装游戏"。"假装游戏"又叫象征性游戏，它是一种有意识的、不含欺骗目的的游戏，以"好像"的状态为特征，在准确地感知到真实情境的前提下，有意想象出真实的情形，并根据这种想法做出非真实的行为。案例中的诺诺把一片面包扣在头上当"帽子"时，宝宝知道这不是帽子，她只是在假装。

宝宝的早期学习主要靠"模仿"。随着对周围环境的探索和了解，他们渴望像大人一样去做事，但是没有大人的能力，于是他们就会通过玩"假装游戏"来体验大人的世界，满足他们的好奇心。这个阶段的宝宝在模仿的过程中熟练自己的动作，形成良好的生活习惯。"假装游戏"能够促进宝宝的成长，对宝宝的发展有很大影响。

一　熟悉生活习惯

宝宝在玩"假装游戏"时，他们会模仿周围人的语气、态度，去演绎生活中的场景，重复自己的日常行为。通过游戏，让宝宝体验家长的角色，让宝宝对生活习惯更加熟悉，同时也能够让宝宝更加认同自己的生活习惯，更好的理解家长。

二　提高宝宝的想象力

在玩"假装游戏"的时候，需要宝宝发挥想象力。像案例中的诺诺把积木当成电话，当然积木还可能被当作肥皂来洗手，有些男孩还会把木棍当作枪来玩……这些想象的过程都能够提升宝宝的想象力。在游戏中，宝宝还需要思考事情的发生发展过程，做事的方法，对宝宝的记忆和观察能力也有很大的锻炼。宝宝的想象力越丰富、扮演的就越活灵活现，他们的内心世界也会变得更加丰富。

三　提高宝宝的口语表达能力

宝宝在角色扮演的过程中，需要使用对话来完成游戏内容，因此"假装游戏"能够锻炼宝宝的语言表达能力。宝宝在游戏中的表达会比生活中更加主动，更加积极。随着角色的变化，宝宝的语言表达也会越来越丰富。当然，宝宝在游戏中也能够学会有礼貌的问好、再见等，养成良好的交往习惯。

建议

　　"假装游戏"是宝宝成长过程中不可或缺的内容，具有重要的教育价值，也蕴含着丰富的教育资源，那么，家长应该如何引导宝宝玩"假装游戏"呢？

一 ▶ 创设游戏环境，提高游戏兴趣

　　家长可以为宝宝准备一个独立的游戏空间，里面有各种各样的玩具和材料供宝宝使用。比如"过家家"的玩具，各种毛绒玩具，涂鸦的工具和材料，各种车辆、人偶、积木，等等。宝宝在游戏区里自娱自乐时，只要没有安全隐患，家长不要过多打扰和干预，也没有必要去纠正宝宝是否有生活逻辑错误，让宝宝自由发挥想象，想怎么玩就怎么玩。

二 ▶ 融入宝宝的游戏，提高游戏互动

　　当宝宝的语言能力得到一定的发展后，不仅会自己玩"假装游戏"，还会邀请家长配合，假装小婴儿、小动物……很多家长会配合宝宝玩一会儿，却不能将游戏进行到底，最后变成了宝宝认真地"假装"，而家长则假装在"假装"。家长在假装游戏中的态度，会深刻影响宝宝。因此，当宝宝向家长发出邀请，家长要积极参与到"假装游戏"当中，全身心地陪宝宝游戏，成为宝宝的搭档，一起推动情节发展，而不是被动等待安排。如宝宝玩

打针的游戏时，家长就扮演病人，表现出怕疼的样子，宝宝就会回忆和思考医生是怎样给自己打针，宝宝会从家长的及时回应中，体验到游戏带来的快感，感受到家长的支持和信赖，增进亲子关系。

三 ▶ 借助绘本情节，丰富游戏情境

宝宝会把自己听到的绘本故事，借助各种"道具"，化身各种形象，演绎故事内容。如自己变成拔萝卜的小白兔，让家长做大萝卜；自己做小兔子，让家长做兔子妈妈等，游戏的过程能够让宝宝更好地理解故事的内容。家长应该在生活中多给宝宝读适合他的绘本，增加宝宝的想象素材，丰富宝宝的游戏情景。家长在给宝宝讲故事的过程中，可以问宝宝比较简单的问题，让宝宝充分的熟悉故事的内容，便于宝宝演绎故事内容。

四 ▶ 体验真实生活，拓展游戏内容

对宝宝来说"生活即学习，学习即生活"。家长可以多带宝宝体验真实生活情景如点菜、坐车、买东西等，然后在"假装游戏"中照搬生活，进行生活习惯和技能的引导。

家长还可以在游戏过程中制造矛盾和困难，锻炼宝宝的勇气和应变能力。如当宝宝玩医生游戏时，家长可以假装病人不配合，假装出现各种状况。在这样的游戏场景中，宝宝遇到困难时会主动应对，这对他们处理现实问题的心态和能力，也有积极的意义。

宝宝在角色扮演中感知到、体验到的经验，是宝宝成长中重

要的一部分，所以当宝宝喜欢玩"假装游戏"时，家长要多鼓励，多参与，让宝宝在游戏中健康成长！

思考与应用

　　为宝宝准备厨房玩具，和宝宝一起玩"假装游戏"，鼓励宝宝为家长准备好吃的"饭菜"。

第17课　宝宝太黏人怎么办

宝宝黏人让很多家长感到身心俱疲，既影响心情又影响工作。其实宝宝在两岁前与妈妈的依恋关系是最紧密的，只要妈妈消失一会儿，宝宝就不安和哭闹，这是宝宝在成长过程中的正常情感发展。那么，导致宝宝黏人的真正原因是什么，家长又该如何应对呢？

案例

一天早上，妈妈正准备出门上班，悦悦突然开始大哭："妈妈抱，妈妈抱"，还拉着妈妈的手就是不让走。几次劝说无效，妈妈烦躁地冲她喊："别跟着我，你再哭，妈妈就不喜欢你了！"接着妈妈生气地推门离开，结果悦悦哭闹得更加厉害。吃完早饭后奶奶带悦悦出去玩，当遇到小朋友跟她打招呼，她总躲在奶奶身后；晚上妈妈下班回到家，悦悦看见妈妈就显得格外兴奋，像糖人似的"黏"在妈妈的身上，又亲又抱，不肯离开半步，甚至妈妈去洗澡、上厕所悦悦都要跟着，一关门就啪啪地敲门，无论是吃饭还是睡觉，都要妈妈照顾。奶奶来帮忙，悦悦就会表现出不高兴："不要奶奶，不要奶奶，奶奶走开！"这让奶奶很失落，常常唠叨："真是奇怪，你们不在身边悦悦玩得好着呢，怎么你们一回来，就这么不听话？"

分析 ▶

像案例中的悦悦一样，很多宝宝都特别黏妈妈，经常会因为妈妈的离开而产生焦虑情绪，这是什么原因呢？

一 宝宝处于亲子依恋关系确立期 ▶

1—2岁是宝宝依恋关系的确立期，这个阶段宝宝会对妈妈或看护人有特别强烈的偏爱。这时候妈妈就是宝宝的安全中心，当妈妈在身边时，宝宝会更主动地探索周围的世界；当宝宝感到危险时，就会快速地返回自己的安全中心。当妈妈离开时，宝宝就会出现分离焦虑，并且对陌生的环境或人也会产生焦虑情绪。因此，黏人是这个阶段宝宝的正常表现，家长应该接纳宝宝的情感需要，和宝宝建立安全的依恋关系，帮助宝宝顺利度过这个时期。

二 家长不恰当的分离方式让宝宝黏人 ▶

两岁之前是宝宝安全感构建的关键期，宝宝黏家长是渴望得到家长爱的表现。在这个时期，家长如果没有安抚好宝宝的情绪强行分离，或者分离的时间超出宝宝承受的范围，都会让宝宝感到焦躁不安。家长的强行分离会让宝宝产生不安全感，导致宝宝与家长无法建立安全的依恋关系，让宝宝失去对家长的信任，宝宝会变本加厉地"看住"家长。这时候家长就会发现，和宝宝分离次数过多或时间越长，宝宝会越黏人。

三 家庭养育方式单一让宝宝黏人 ▶

如果宝宝接触外界环境和人员的次数少，缺少与陌生人沟通的机会，就会因为对外界的恐惧而躲在家长身边，表现出来的就是特别黏人。在日常生活中，如果把照顾宝宝的责任过度集中在一个人身上，或者养育过程中对宝宝的照顾太细致、周到，都会造成宝宝的过度依赖，让宝宝变得黏人。

建议

面对宝宝的焦虑情绪，家长应该如何做，才能有效地缓解宝宝的分离焦虑呢？

一 ▶ 给予宝宝足够的安全感

宝宝在两岁前，对家长的依恋最为强烈，这种依恋来自强烈的安全感需要。家长与宝宝之间亲密的接触可以让宝宝获得满足感，有利于宝宝自我信任感的建立。家长遇到宝宝黏人哭闹的时候，不要用粗暴、武断的方式来对待宝宝，多给宝宝一些爱抚、拥抱、亲吻，让宝宝感觉到家长对他的关爱和接纳，在妈妈的抚慰下，宝宝的焦虑会慢慢减轻。

二 ▶ 有效沟通减轻宝宝分离焦虑

当宝宝纠缠不让家长离开的时候，切勿试图忽视他们的情感，不予理睬或者欺骗他们。如果不跟孩子告别，突然离开会让宝宝觉得家长消失不见，不再回来了，导致宝宝一直处在警惕和不安中。如果有事要离开宝宝，要用温和的语言帮助宝宝做好心理准备，让宝宝知道家长会按时回来的。

三 ▶ 安抚玩具减轻宝宝的焦虑情绪

如果宝宝对家长过度依赖，需要家长耐心去接纳他的情绪，增加互动与陪伴。如果家长实在有事情需要离开宝宝，可以为宝宝找一个情感安抚替代品，如宝宝平时非常喜欢的安抚玩具，或者用一件有妈妈味道的睡衣，都可以减轻因为分离带给宝宝的焦虑情绪。

思考与应用

1. 家长和宝宝玩"躲猫猫"或藏东西的游戏，让宝宝建立物体恒存的概念，明白东西不见了还可以找到，家长离开还会再回来，帮助宝宝适应与家长的短暂分离。

2. 选择与分离焦虑有关的绘本，与宝宝一起阅读。

第18课 **怎样帮助宝宝顺利学步**

1岁左右宝宝进入行走的关键期，他们也想和成人一样走路。从最先的站立到依靠辅助工具蹒跚学步再到独立行走，家长一定要给宝宝足够的空间，让宝宝尽情地练习，帮助他顺利学会走路。

案例

有一天下午，1岁的翔翔用手支撑身体慢慢抬起，尔后，他手离开地面直起身子站了起来。之后的两周里，他热衷于这个动作的练习，虽然会一屁股坐到垫子上，可他依然会慢慢再爬起来，乐此不疲。

慢慢地，翔翔可以扶着围栏走了。偶然间，他发现沙发另一头有小汽车，他便扶着沙发一点一点挪了过去，当拿到小汽车的时候，他开心地笑了。后来，沙发、茶几等都成了他扶着走路的工具。

半个月后，他竟然晃晃悠悠走了几步。从那之后他就开始自己蹒跚着行走了。

分析 ▶

行走是宝宝成长的必经之路，宝宝能够独立行走说明宝宝达到了新的独立水平，能够更加自由的探索。

一　行走敏感期，行走欲望强烈 ▶

1岁左右的宝宝进入行走敏感期，他们不再满足于爬行这种行动方式，而是想要尝试用行走代替爬行。大部分宝宝能在有支撑的情况下走几步，也有小部分宝宝能跟跟跄跄地独立走几步，此时的宝宝行走欲望十分强烈，不论高低与深浅，只要他想去，就会向前迈脚。

二　宝宝大肌肉的发展，促进运动能力的提高 ▶

1岁左右的宝宝大肌肉发育进入快速期，让他能够有足够的力量站立行走，此时他们先扶住支撑物，到站立、站稳，再到向前迈步，这一系列的动作连续、不可逆，从较低水平向较高水平发展。案例中的翔翔正处于大肌肉发育的敏感期，于是他经历了蹲、起、扶、走等一系列的动作发展，最终学会了独立行走。

三　导致宝宝学步期经常摔跤的原因 ▶

刚开始学走路的宝宝比较容易摔倒，原因有很多，如宝宝腿部力量不足；平衡感差，走路的速度、步幅、节奏不均匀；意识和身体没有很好的配合；不懂得躲避障碍；注意力不集中；鞋子不合脚；有的宝宝性子急，等等，这些都可能是宝宝走路初期经常摔跤的原因。摔跤并不会影响宝宝对走路的热情，反而会给宝宝更多的经验，让宝宝学会更好的保护自己的身体。有摔跤经验的宝宝，在将来会比被过度保护没有摔跤经验的宝宝更会灵活地控制自己的身体，走得更加扎实、稳定。

建议

为了帮助宝宝更好的学步，家长应该怎么做呢？

一▶ 提供安全的学步环境

宝宝开始走路后，他终于可以自己去拿想要的东西了。有些危险品如刀子、剪子等都可能成为宝宝眼中好玩的玩具。这就需要家长事先预测一些潜在的危险，提前做好准备，为宝宝提供一个安全的环境。各种危险品，如药品、刀具、碗碟等一定要收好，以免宝宝误伤自己；插座上的小孔对宝宝充满了诱惑，家长可以准备插座保护盖，将宝宝的手拦在插口之外；桌椅、家具的尖角对于初学走路的宝宝来讲也是十分危险的，可以贴上防撞条来防止宝宝碰伤。

除了环境的安全，宝宝的穿着是否舒适也是非常重要的。一方面，要为宝宝穿合适的衣裤。太松的衣服不方便宝宝活动，而太紧的衣服限制宝宝的动作，也影响宝宝的肌肉发育。另一方面，要为宝宝穿安全、舒适的鞋子。有鞋带的鞋子容易绊倒，过大或过小的鞋子都不利于宝宝的脚部活动，鞋底的软硬度也要适中，过软过硬都不合适。

二▶ 给予足够的支持与鼓励

1—2岁的宝宝初学走路，家长的鼓励和支持对宝宝来说非常重要。在宝宝需要帮助的时候，家长要及时给予支持，如宝宝因摔倒而退却，家长可以牵着宝宝的手一起走，给宝宝行动上的支持与陪伴，让宝宝放心大胆的向前走。同时，家长要温柔的鼓励宝宝，家长可以对宝宝说："宝宝，你可以的，大胆地走过来，我在这里等你。"这样的话语能让宝宝感受到家人的支持与鼓励，更加有动力踏出独立走路的第一步。

三 ▶ 顺其自然，静待花开

每个宝宝学走路，都有其内在的发展过程，外在因素所其的作用非常小，因此，家长不能拿自己的宝宝和其他宝宝相比，而着急地做这方面的训练。只要宝宝各方面的发展还达不到能独立行走的成熟度，各种训练都是徒劳。因此，没有必要利用学步车、学步带等辅助工具进行训练。最有效的方法是给宝宝提供一个能有支撑物帮助宝宝站立，并扶着，又能在摔倒后不会受伤的自由活动空间，让宝宝在这个安全的环境中自由地活动，自主地练习，当各方面发展成熟的那一刻，宝宝就学会独立行走了。

四 ▶ 正确对待宝宝的"摔倒"

有的家长在宝宝摔倒后会表现出明显的惊慌和心疼，这种情绪很容易让宝宝感到害怕和惶恐，对走路产生畏惧。其实，"摔倒"是一件很平常的事情，家长不要急着去扶起宝宝，可以先观察宝宝摔倒后的状态，判断是否需要帮助。如果宝宝摔倒后没有哭闹，而且周边环境比较安全，家长可以鼓励宝宝自己站起来，给宝宝面对困难的勇气。反之，如果宝宝摔倒后明确表示不愿再走，家长也不要强求，以免宝宝对走路产生恐惧心理，影响宝宝学习走路的积极性。

总之，宝宝学走路是他成长必经的过程，家长要大胆放手，帮助宝宝勇敢地迈出人生第一步！

思考与应用

宝宝找妈妈

宝宝和妈妈面对面站在两边，妈妈伸开双手叫宝宝的名字，宝宝走向妈妈。在开始游戏时宝宝和妈妈不要离得太远，以免宝宝产生害怕的心理，失去信心。

"碰了桌子打桌子"对不对

宝宝碰到桌子"哇哇"大哭，这时候你会怎么做？或许会责备他走路不小心；或许会自责没有照看好；或许会心疼地和宝宝一起流眼泪；或许会愤怒地指责桌子这个"肇事者"，为了让宝宝解气而上演"打桌子"的戏码。"碰了桌子打桌子"，你有没有这样做？

案例

宝宝不小心碰到了桌子角上，"哇哇"哭了起来。妈妈看到后，立刻大惊失色："哎呦，我的宝宝碰到了，都怪这个破桌子，妈妈打它！"说着"啪啪"狠狠地拍了几下桌子，宝宝好像更委屈了，边哭边学着妈妈的样子拍打桌子。

蹒跚学步的宝宝跟跟跄跄地走着，一不小心摔在了地上，奶奶连忙追上来："哎呦，我的乖孙子，摔疼了吧！都怪地不好，奶奶踩它！"

分析 ▶

案例中，妈妈和奶奶的行为在生活中经常上演，宝宝摔倒了、磕到了，家长会用"打物"或"踩地"的方法去处理。一定程度上，这种做法能够短暂转移宝宝的注意力，让宝宝破涕为笑。但是，从宝宝身心发展的长远角度来看却是无益的。

一　向宝宝传达推卸责任的讯息 ▶

"碰了桌子"本来是宝宝的责任，家长"打桌子"的做法在向宝宝传达"是桌子的错，桌子应该负责"。有些家长还会把责任揽到自己身上，"是妈妈不好，没有看好宝宝"。这些语言和行为在不断地强化：宝宝没有错，是桌子（妈妈）的错。久而久之，会使宝宝缺少对事情的正确判断，还会形成一种习惯：遇到问题就推卸责任，把错误归咎于别人，为自己的错误辩解，甚至会通过说谎来掩盖自己的错误。

二　遇事不能正确归因，怨天尤人 ▶

美国心理学家维纳提出了著名的"归因理论"，即人对自己或他人行为结果的解释和判断。其中，将人们对行为成败原因的分析归纳为"三维度六因素"。"外部归因"就是其中的一个维度，比如将失败归结于任务难、运气不好或者外界环境的影响。"打桌子"就是一种"外部归因"的典型做法，将责任归结于桌子，而不是宝宝自身的原因。当"外部归因"成了人格的一部分，这个人就会放弃自己的责任，成为一个爱抱怨的人。

三　滋生自私自利的不良品格 ▶

随着月龄增加，宝宝的模仿能力越来越强，会有意识地模仿家长的一些行为，比如"打桌子"。对家长来说，"打桌子"是为了安慰宝宝，或者转移宝宝的注意力，但对宝宝来说，"打桌子"却是一种社会交往行为。心理学家皮亚杰的"泛灵论"指出：在宝宝的世界里，万事万物都是有生命和思想意识的。但是，"打桌子"的做法，却教育宝宝只顾及自己而忽视了他人的感受，要知道碰了桌子，桌子也会疼，也需要关爱。"打桌子"会让宝宝变得凡事以自我为中心，滋生自私自利的不良品格，这对宝宝以后的人际交往也是极其不利的。

建议

好奇、好动是宝宝的天性。随着生理和心理机能的不断发育完善，宝宝探索的范围不断扩大，主动性不断增强。在探索的过程中，磕磕碰碰是不可避免的。当宝宝碰了桌子后，家长应该怎么做呢？

一 ▶ 检查宝宝磕碰情况，及时处理

宝宝碰到桌子或者摔倒一般不会严重受伤，如果碰到了桌子角或其他坚硬的物品上，出现皮肤红肿、受伤出血等就要视情况及时处理。在对宝宝磕碰伤口进行处理后，家长也要检查并尽量杜绝家中的一切安全隐患，对容易让宝宝磕碰的边边角角进行防撞处理，比如包裹防撞护角等，努力为宝宝营造独立探索的安全空间。

二 ▶ 保持镇静，给宝宝一个微笑

当宝宝不小心碰到桌子或者摔倒后，家长首先要保持镇静。宝宝碰到桌子一般不会受伤严重，但是会因疼痛或惊吓而大哭，家长一定不要自己先惊慌失措地大叫起来，否则，家长的焦虑情绪会传递给宝宝，他会哭得更厉害。正确的做法是：家长不妨平静地给宝宝一个肯定的眼神、一个鼓励的微笑，宝宝也会觉得很

轻松，不会觉得这是什么大事。让宝宝在这次磕碰中，既学会了以后要避让开桌子，又学会了遇事要平静、乐观的态度。

三 ▶ 与宝宝共情，给予心理安慰

宝宝碰到了、磕到了，除身体疼痛外，心里也会感到委屈。家长切不可埋怨、指责甚至训斥宝宝："告诉你多少遍了，就是不看路！"这种消极的态度，不但会让宝宝在心理上产生不安全感，而且还会挫伤宝宝独立探索的积极性。正确的做法是：家长一方面要给宝宝鼓励；另一方面还可以用共情的话语给宝宝一些安慰如"妈妈知道宝宝头碰疼了，妈妈给宝宝吹一吹""宝宝真勇敢，爸爸揉一揉"。然后，给宝宝一个温暖的拥抱，让宝宝获得心灵上的慰藉。能够获得理解和情绪宣泄的宝宝，内心更加丰盈，长大后也更能理解他人，对生活充满热爱。

四 ▶ "吹吹小桌子"，关爱他人

在宝宝的世界里，万事万物都是有生命的。当宝宝被安慰后，家长也应该鼓励宝宝用共情的态度和行为安慰桌子："宝宝碰了小桌子，小桌子也好疼呀，小桌子好像也在哭呢！"然后，鼓励宝宝再给小桌子揉一揉、吹一吹。这样做，一方面可以转移宝宝疼痛注意力；另一方面，帮助宝宝体会自己的过失给别人带来的痛苦，学会体谅他人、关爱他人。

思考与应用

　　引导宝宝"给小桌子擦擦脸"：宝宝吃完饭后，家长给宝宝一块小抹布，让宝宝试着把餐椅擦干净。家长可进行语言引导："小餐椅帮助宝宝吃饭，我们也把小餐椅的脸擦干净。"这样做，一方面可以锻炼宝宝手部肌肉动作，另一方面有助于培养宝宝的责任意识。

第20课 宝宝边吃边玩怎么办

经常看到这样的场景：宝宝吃饭坐不住，边吃边玩，家长哄着吃，追着喂。然而，这种边吃边玩的方式会给宝宝带来安全隐患，影响健康饮食习惯的养成。家长应该如何帮宝宝养成良好的饮食习惯呢？

案例

诺诺是家里的开心果，但是，妈妈却一直因为诺诺的吃饭问题而发愁。原来诺诺每天吃饭都是边吃边玩，掉在桌上的饭粒也能玩半天，一顿饭需要吃一个多小时。妈妈看在眼里急在心里，怎么才能让诺诺学会自己吃饭呢？

然而，诺诺的奶奶经常为了让诺诺多吃饭就追着喂；为了让诺诺乖乖地吃饭就让他看着动画片吃，这样诺诺吃得多，还不闹腾。奶奶认为诺诺还小，贪玩很正常，不用着急让诺诺自己吃饭，等诺诺上了幼儿园，自然就学会了。

分析 ▶

宝宝边吃边玩是因为没有养成良好的进餐习惯，影响宝宝进餐习惯的因素是什么，边吃边玩对宝宝有哪些不良影响呢？

家长喂养方式不当 ▶

1—2岁的宝宝对玩耍的渴望比对食物更感兴趣，他们更喜欢运动和探索。为了让宝宝安静下来吃的更多，长得更好，很多家长就会让宝宝边看动画片边吃饭，这样宝宝就能够安静地坐下来，家长就可以把宝宝喂饱，这样做的结果就会让宝宝养成边吃边玩的坏习惯。

除此之外，生活中很多家长喜欢一边吃饭一边看手机或者电视，聪明的宝宝就会把家长的行为看在眼里并进行模仿，慢慢养成了边吃边玩的习惯。

二　宝宝缺乏饥饿感 ▶

市面上的零食因为添加了色素、调味品，宝宝特别喜欢吃，不给就哭闹。很多家长对宝宝过于溺爱，宝宝要家长就给，导致宝宝零食吃得太多，吃饭的时候就会没有饥饿感，看到饭菜也没有食欲，这时候让宝宝吃饭，就很容易出现边吃边玩的情况，养成不良的饮食习惯。

很多家长在照看宝宝时，过度在乎宝宝的安全，总是担心宝宝磕磕碰碰受到伤害，而限制宝宝的活动。这样就造成宝宝的活动量非常小，因为活动量小，消耗就少，因此，宝宝的食欲就不佳，为了哄宝宝吃饭，家长就想方设法让宝宝边吃边玩。

三　边吃边玩存在安全隐患 ▶

宝宝边吃边玩，注意力都集中在玩的方面，无法做到细嚼慢咽，很容易发生食物误入气管的情况，轻者会出现剧烈的咳嗽，重者可能会导致窒息。

四　边吃边玩不利于宝宝消化功能的发育 ▶

宝宝边吃边玩，会使血液流向大脑或四肢，分布在胃肠道的血液就会减少，使宝宝的消化功能出现紊乱。同时，边吃边玩增长了进餐的时间，使大脑皮层的摄食中枢兴奋性减弱，导致胃内的各种消化酶的分泌减少，胃的蠕动功能减弱，妨碍食物的消化吸收。时间长了，宝宝对吃饭会越来越没有兴趣。

建议

家长应该帮助宝宝用心吃饭，让宝宝养成专心就餐的好习惯。

一 ▶ 创造良好的进餐环境

吃饭时，家长要做好示范，不能边看手机边吃饭，要营造专心吃饭的进餐环境。这时候家长需要关掉电视，安静地坐在餐桌前，不要走来走去，以免引起宝宝的兴奋和注意力转移。吃饭的时候尽量不要把玩具等物品放在宝宝够得到的地方，否则会让宝宝随手拿着玩，容易分散注意力。家长和宝宝都要遵守专心吃饭的用餐习惯，帮助宝宝建立专心用餐的规则意识。

吃饭时气氛要轻松愉快，让宝宝感觉自在。家长千万不要为了让宝宝多吃一口，就想方设法甚至大动干戈，这很容易引起宝宝的逆反，影响宝宝进餐。

二 ▶ 不强迫宝宝进餐

当宝宝偶尔有一顿饭不想吃时，说明宝宝不饿，因此不要强迫宝宝吃，更不要大声训斥，以免宝宝产生逆反心理。这时家长可以将饭菜先端走，直到下顿饭之前不要给宝宝任何食物。另外，不要以送礼物等形式作为交换条件，与宝宝讨价还价，否则宝宝将以拒吃作为要挟的手段。家长要让宝宝明白吃饭就是吃饭，没有附加条件。

三 ▶ 花样食物，增强宝宝食欲

宝宝之所以边吃边玩，有时是食物本身没有引起他的兴趣，因此，家长可以多花点心思，在食物花样上多下点功夫。如：可以将面食做成各种动物造型来吸引宝宝；做米饭时放上葡萄干、南瓜丁等，让甜甜的味道吸引宝宝；炒菜时不同颜色的蔬菜搭配起来炒，用颜色来吸引宝宝。当宝宝被饭菜吸引时，就逐渐改掉边吃边玩的习惯。

四 ▶ 引导宝宝独立进餐

宝宝在一岁多开始喜欢自己拿着勺子吃饭，如果家长不允许宝宝自己吃，他就会对拿勺子失去兴趣，只想让家长喂饭。家长应该在宝宝一岁左右，抓住宝宝自我意识萌芽，什么都想自己做的好时机，鼓励宝宝独立进餐。即使因为宝宝动作不协调而导致把饭菜弄得到处都是，家长也要坚持鼓励宝宝自己吃，不要再喂饭。时间长了，宝宝就能掌握独立进餐的能力，不会再出现边吃边玩的现象了。

思考与应用

策划"聚餐"活动。邀请邻居、亲朋好友家的年龄相仿的宝宝，一起围坐餐桌前就餐。当宝宝们在一起就餐的时候，家长要以正向的、积极的话语引导，并及时给予鼓励。

第21课　宝宝爱翻东西是多动吗

1岁多的宝宝，大多已经会走路了，他们喜欢探索新的事物。很多家长会发现宝宝特别喜欢触摸不同的物品，柜子里、抽屉里的东西他们都要拿出来看一看、摸一摸，弄得家里乱七八糟，让家长很头疼。那么，家长应该如何应对宝宝爱翻东西的行为呢？

案例

天天1岁1个月了，精力特别旺盛，每天都喜欢在各种有盖子、有洞洞的地方往外翻东西，还会用手指戳一戳所有的小洞洞。每次翻抽屉，都会把里面的东西一件一件拿出来扔一地；妈妈化妆包里面的化妆品也被他统统倒出来；鞋子里的鞋垫也被他都掏出来，放在鞋子的旁边；有时候趁妈妈不注意，还会把厨房里的米、面抓出来玩一玩。每天都弄得家里乱糟糟的，妈妈很无奈，不得不跟在他后边反复地收拾。为此妈妈跟天天说："所有的东西都有自己的家，不可以把它们随便乱放，它们找不到自己的家会着急的。"天天听的时候很认真，可是每次听完后还是照旧。妈妈也无奈地继续跟在后面收拾。

分析 ▶

很多宝宝都喜欢翻东西，即使家长阻止，宝宝也不会改变，为什么宝宝这么执着的翻东西呢？

一 宝宝探索学习的方式 ▶

1岁多的宝宝处于好奇心旺盛、喜欢探索的阶段，这时候的宝宝运动、感知和思维迅速发展，宝宝通过翻找东西来满足自己的探索欲望、增进对事物的认知。在翻找东西的过程中还可以刺激宝宝的大脑，使得大脑异常活跃，让宝宝的智力取得良好的发展，而重复性的翻找动作有助于宝宝脑中形成可以有效传递信息的神经连接。

这个阶段的宝宝处于感知运动阶段，宝宝通过各种不同的感官去探索世界，翻东西的过程中，宝宝就会通过观察、触摸来形成对物品的认识，这是宝宝认识世界的过程。如案例中的宝宝从鞋子里往外拿鞋垫并放在鞋子旁边，宝宝在这个过程中，感受鞋子与鞋垫的一一对应。因此，宝宝爱翻东西不是坏事，若家长能够关注并正确引导，反而会变成促进宝宝成长的好事。如果这个过程被强行地制止，很可能会影响到宝宝探索精神的培养。

二 宝宝处于空间敏感期 ▶

当宝宝能够行走之后，就会使用手来触摸和移动物体来探索世界。在宝宝的成长过程中，这个阶段的宝宝会经过走的敏感期、手的敏感期和空间敏感期，这些敏感期会帮助宝宝感知周围的世界。宝宝出现翻东西的现象说明宝宝正处于空间敏感期。

宝宝的空间敏感期从出生一直持续到6岁左右，1岁左右的宝宝会把一个空间里的物品倒出来，再把外面的物品放进去，很多宝宝还会往洞洞里塞东西，这些都是宝宝在感受空间。

三 翻东西对宝宝成长的意义 ▶

翻东西是宝宝探索世界的过程，宝宝在探索过程中宝宝的认知能力、运动能力、观察能力都能够得到锻炼和发展，宝宝通过探索还能收获到快乐，经验和自信，对宝宝的成长有重要的意义。这种良好的探索体验能够激发宝宝的探索精神，让宝宝更加喜欢探索。探索精神包括了宝宝的好奇心和求知欲，对宝宝未来的智力发展非常重要。

　　1—2岁是家长与宝宝建立安全型依恋的关键时期，家长如果能够及时关注宝宝的行为，并给予恰当的支持，就能够和宝宝建立安全的依恋关系。因此，家长要支持宝宝的探索，不要随意指责宝宝。

建议

　　既然宝宝翻东西是一个探索的过程，那么家长应该在保证宝宝安全的情况下，给宝宝提供一个发现、探索的环境，并利用他翻东西的机会引导他养成对整理物品的好习惯。

为宝宝营造安全的活动环境

　　既然宝宝翻东西是宝宝成长的需要，那么家长就应该在宝宝翻东西的过程中，做好全方位的防护措施，将可以碰和不能碰的东西分开放置，易碎、易坏、贵重的物品要放在宝宝触摸不到的地方。如果有必要，宝宝绝对不能碰的，可以加把锁锁起来。注意给柜子和桌子的边角加上防碰的保护措施，一些容易伤害到宝宝的物品收起来，如针、线、弹珠、水果刀等，防止被宝宝找出来伤害到自己。保持室内清洁，不要放存在潜在危险的东西，避免宝宝误食、受伤。

二 ▶ 给予宝宝正确的引导

当发现宝宝乱翻东西的时候，反应不要过于激烈，不要大声训斥宝宝。但如果宝宝在翻不可以翻的东西时，家长就需要利用其他的玩具吸引他的注意力。如果宝宝翻到让他很好奇的东西，用疑惑的目光看着你时，你就需要向宝宝解释他翻到的东西是什么，并做一些简单的说明，这是让宝宝认识事物的好机会。

三 ▶ 引导宝宝学会物品整理

宝宝爱翻东西不仅仅是满足好奇心，对培养良好的习惯也有一定的积极意义和价值。家长要抓住这个机会帮宝宝学习整理物品。

宝宝探索结束后，家长带宝宝一起进行整理，当然宝宝因为年龄的原因，不会主动将乱翻后的物品摆整齐或归位，这就需要家长的引导与示范，让宝宝在家长的陪同、鼓励与引导下一起进行收拾与整理，从而帮助宝宝慢慢培养起良好的收纳意识和习惯。家长在整理的时候，可以试着和宝宝做分类游戏，这在培养宝宝良好的行为习惯的同时，也能提高宝宝的智力。

四 ▶ 鼓励宝宝大胆探索

当宝宝开始用双手探索世界的时候，家长一定不要总是说：不要碰、不许动之类的话，这会打击到宝宝的积极性。家长应该鼓励宝宝去触摸各种东西，当然，是在安全前提下。当宝宝伸手去触摸没有危险的物品时，家长要鼓励宝宝去接触不同的物体，"宝宝摸摸看，它是软的还是硬的？""宝宝，这两个哪个大？"引导宝宝说出自己的感受，激发宝宝的探索欲望。

思考与应用

亲子游戏1：篮子底下是什么

家长准备一个密实的编织篮、几件宝宝喜爱的物品，把其中一件物品藏在篮子底下，然后让宝宝猜哪个玩具不见了。

亲子游戏2："触摸盒"

家长在一个空盒子里装上皮毛块、纸巾、蜡纸、泡沫、橡胶、海绵、橡皮筋等物品，让宝宝通过触摸猜出物品的名字。

第22课
不要阻止孩子"帮倒忙"

1岁后的宝宝开始模仿成人做家务，但往往越帮越忙：洗衣服时洒一地水、垃圾扫的到处都是……种种"倒忙"让家长甚是苦恼，而宝宝却乐此不疲，遇到这种情况家长该怎么做呢？

案例

妞妞最近特别喜欢帮家长干家务，每次看到家长做家务都会跑过来帮忙。奶奶擦桌子的时候，她也要拿一块抹布，围绕着桌子学着奶奶的样子擦起来；妈妈扫地的时候，她也要拿起扫把一起扫。有一次，妈妈正要洗衣服，她来到洗手间也要跟妈妈一起洗，于是妈妈给了她小盆和毛巾，妞妞开始大干起来。她洗的有模有样，还用小手指着盆里让妈妈看，妈妈对妞妞竖起了大拇指，夸妞妞真是妈妈的小帮手。可是，过了没几分钟，妞妞的衣服、裤子、鞋子全都弄湿了，满地都是肥皂水。妈妈叫她停下来，要带她离开卫生间，可是她很不高兴地使劲踩脚、摇头。她坚持继续"帮忙"，又拿起马桶刷一本正经的刷起来，最终弄得满地狼藉，这让妞妞的妈妈很是头疼。

分析 ▶

许多家长面对宝宝"积极帮忙"导致的"烂摊子"可谓是头疼至极，感觉宝宝分分钟都在挑战自己的底线，出现这种现象的原因是什么呢？

一 动作能力的发展 ▶

1—2岁宝宝自主能力逐渐发展起来，可以独立行走，手部动作日趋协调，动手欲望十分强烈，所以每当家长做事情时宝宝都跃跃欲试。妞妞的独立行走为她"边走边擦"提供了支持；她的小手可以拿起扫把为她的"帮忙"提供了条件；可以自行来到洗手间，小手学着妈妈的样子搓洗，这就是生理机能的发展，使她可以按照自己的想法做很多事情。但是，此时宝宝的精细动作发展还不完善，妞妞帮忙后弄得满地狼藉，给家长带来许多不必要的麻烦，才让家长觉得"越帮越忙"。

二 善于模仿的特点 ▶

1—2岁的宝宝已经有很强的模仿能力，他能够模仿家长的一系列动作。宝宝的模仿是对自己身体行为的一种确认，通过模仿确定自己能够完成这一动作，最终将这种动作变成自己的一种能力，这是宝宝学习的一种方式。对于宝宝来说，模仿是一种获得愉快、发展能力、体验成功的尝试。因此，当看到家长做事情时，宝宝就会兴冲冲地赶去"帮忙"。

三 自我价值感的体验 ▶

当宝宝看到家长做一些他感兴趣的事情时，宝宝会抢着做，参与到家长的活动中，而且在做的过程中他还会向家长展示自己的"成果"。这在成人看来，可能是在帮倒忙，但对宝宝来说却是一种成长经历，宝宝能从中感受到自己能力的提升，体验到独立做事的成就感。

建议

宝宝的成长离不开家长的正确引导，面对"帮倒忙"的宝宝，家长可以这样做。

一 ▶ 理解宝宝的"帮倒忙"

1—2岁的宝宝喜欢模仿成人，总想参与到家长的活动中，他们觉得那是好玩的游戏。如家长在洗衣服时，宝宝也会跑来跟着一起洗，但是对于宝宝而言，他的兴趣点却不是要把衣服洗干净，他们只是对水、对泡泡、对洗这个动作感兴趣。当家长真正了解并理解宝宝的兴趣后，不防就提供一个让宝宝玩水、玩泡泡的环境，让他尽情地玩。这样家长也不必再纠结帮不帮"倒忙"的问题了。

二 ▶ 帮助宝宝"帮倒忙"

家长应该主动为宝宝创设充分的空间，给宝宝提供"帮忙"的条件，帮助宝宝将"帮倒忙"变成真正的"小帮手"。

在家长做家务时，家长可以主动邀请宝宝加入进来，并为宝宝提供充分的物质准备。比如在家长擦家具时，可以为宝宝提供小毛巾，请宝宝擦一擦低矮的桌子、椅子；在扫地时，请宝宝帮忙收垃圾，这样做也许干活的效率会降低，但是家长可以把这也当作亲子相处的美好时光，宝宝"帮忙"的欲望也能够得到满足，获得充分的成就感和自信心。此外，在家长做家务的过程中，家长要适当地放慢做事的速度，让宝宝更容易模仿。为了保护宝宝的安全，家长要给宝宝准备适合的工具，家长可以带宝宝去超市选购一些小的工具，如小扫把、小筐等，让宝宝有更多参与的机会。这样做也有利于从小培养宝宝爱劳动的品质。

另外，家长也可以给宝宝准备玩具类小锅、小灶、小碗、小盘等，让宝宝通过假装游戏，体验做饭、做家务的乐趣。

三 ▶ 鼓励宝宝"帮倒忙"

尽管宝宝总是在"帮倒忙"，努力为家长的辛苦劳动"添砖加瓦"，家长要理解宝宝这么做是想要帮忙。因此，不管结果如何，家长都应该对宝宝表示肯定和鼓励，让宝宝感受到自己的劳动得到了承认，有动力继续尝试，能力也在尝试中得到锻炼和提升。如果宝宝在倒垃圾的时候，倒在了垃圾桶外面，家长应该肯定宝宝主动倒垃圾的行为，对宝宝表示感谢，并教给宝宝正确倒垃圾的方法，和宝宝一起把垃圾重新收起来，再倒进垃圾桶，让宝宝真正体验到成功。家长对宝宝的感谢，其实也是给宝宝的一个示范，让宝宝明白要感谢帮助自己的人和辛勤劳动的人，帮助宝宝学会感恩。

思考与应用

1. 为宝宝提供模仿类玩具，让他们保持对做家务的兴趣，比如"模拟小厨房""水果切切乐"等。

2. 家长可以选择宝宝生活自理方面的绘本，比如自己穿衣服，整理包，洗澡，上厕所等进行亲子阅读，引导宝宝养成良好的生活习惯。

第23课

宝宝涂鸦有好处

涂鸦是一种不同于绘画的艺术创作活动，是宝宝思想情感以及艺术潜能的自由表现。如果家长重视并保护了宝宝的涂鸦兴趣，会对宝宝的思维、创造力的发展打下基础。

案例

一凡最近最喜欢的玩具就是画笔，经常拿着画笔到处画，墙上、沙发上、床单上都留下了他的"大作"，甚至餐桌的桌布都难逃厄运。妈妈为此很苦恼。所以，妈妈专门给一凡买了画板和画纸，让一凡在画纸上画。

晚饭后，妈妈看到一凡正在拿着画笔好奇的摆弄，就拿起另一只画笔，对一凡说："这个画笔有很多漂亮的颜色，我们用它在纸上画画吧"。妈妈边说边在纸上画了两条交叉的弧线就像一条小鱼。一凡也学着妈妈的样子，一把抓起画笔，在纸上划起来。没一会儿，纸面上就布满了点点和线条。妈妈问："跟妈妈说一说你画的是什么呀？"一凡指着画纸对妈妈说："嗯，这是一个毛毛虫"。妈妈说："是嘛，那你再给它画几个好朋友吧"。一凡听到妈妈的话，高兴地说"好呀"。

不一会，一凡就画了满满一张。妈妈一边看着一凡的"画作"，一边耐心地听他解说。

分析 ▶

　　宝宝为什么会对涂鸦产生浓厚的兴趣呢？涂鸦对宝宝的身心发展有什么影响呢？

　　涂鸦是宝宝在1岁以后特别喜欢干的一件事，这时他的手部动作已经越来越灵活了，手腕的控制能力有所增强，当宝宝拿着笔时就开始了他抽象派的创作。但这一时期的涂鸦只是宝宝手臂反复运动的结果，图画是没有任何意义的。在这一过程中宝宝逐渐对能控制笔和画出线条感兴趣，他开始体验到涂鸦的快乐，宝宝喜欢用小手画出不同的痕迹，喜欢用小点、线条抒发自己的心情，在涂鸦的过程中宝宝对笔的控制能力越来越强，促进了精细动作的发展。

　　这个年龄阶段的宝宝语言发展还不完善，宝宝通过画笔表达自己的想法，大人看似简单的一个圆点、一条直线，对宝宝来说也许意义非凡，它有可能代表一辆火车，有可能代表一个气球，这正是宝宝与外界交流的一种方式，通过涂鸦表达着自己的情绪和感受。

　　涂鸦心理学研究表明，线条的粗细、杂乱程度，形状、颜色的偏好，图案的大小等，都表达和传递着宝宝的情绪情感状态，反映出宝宝自我整合能力的强弱。从宝宝的涂鸦中，可以看出宝宝的自我功能发展。当宝宝的涂鸦由最初的杂乱线条过渡到有规律的线乃至完整封闭的圆圈时，说明宝宝的自我功能已经有了很大的发展。

　　涂鸦也是宝宝创造性的一种体现。挪威艺术哲学家让-罗尔布约克沃尔德认为，每个孩子都是"本能的缪斯"，与生俱来有一种以韵律、节奏和运动为表征的艺术创造力量。宝宝手部运动，带动笔在纸上留下各种不同的"印记"，使宝宝产生兴趣，从而持续探索这一神奇现象，不断尝试验证，再尝试再验证。在反复的练习中，宝宝手眼协调能力逐渐增强，慢慢学会控制自己的力量，自如地掌握线条的方向、粗细等等，创作出不同的"作品"，表现出一定的创造性。

宝宝的涂鸦不同于成人的画作，不能用成人的标准来衡量。"像不像""好不好看"不是评价宝宝涂鸦的标准。当家长看到宝宝毫无"艺术感"可言的涂鸦，第一反应很可能是"画的什么呀，乱七八糟的"，但这并不表示宝宝的作品没有意义，只是用成人的思维很难理解而已。家长要保护好宝宝的涂鸦兴趣，并对宝宝的涂鸦进行正确引导。

建议

面对爱涂鸦的宝宝，家长应如何引导呢？

一 ▶ 保护宝宝的涂鸦热情

这个时期的宝宝对于一切都充满了好奇，他们的想象力是无限的。家长要正确认识宝宝的涂鸦行为，不要将宝宝的涂涂画画看成破坏性行为而制止，也不要因为怕麻烦而让宝宝远离涂鸦的乐趣，而是应该及时为宝宝提供适当的条件，为初露头角的"小画家"做好准备工作，让他尽情涂鸦。家长应当给宝宝准备足够的纸和好用的笔，充足好用的绘画工具可以保护宝宝的涂鸦热情。

二 ▶ 从宝宝的角度看待涂鸦

毕加索认为"每个宝宝都是天生的艺术家"。有时候我们认为他们只是在乱涂乱画而已，但在他们眼中那是一条鱼或一只狗，家长应该抱着感兴趣的态度，积极和宝宝交流。也可以以伙伴的身份同宝宝一起合作完成画作。

对于宝宝的涂鸦作品，家长要抱着赞赏和鼓励的态度来"欣赏"，这种积极的心态会鼓舞宝宝的创作，增加宝宝的自信，用积极的心态去观察这个五彩斑斓的世界。如果家长总是认为宝宝的作品杂乱无章、乱七八糟，敏感的宝宝会由此拒绝绘画，甚至拒绝拿笔。

三 ▶ 学会"倾听"宝宝的涂鸦

宝宝的画在成人看起来也许毫无美感、毫无意义可言，但在宝宝眼里，每一笔都可能代表一样东西或一件事，有着特殊的意义。家长不要只用眼睛来"看"画，也要用耳朵来"听"画，听宝宝说一说他画的是什么？为什么要这样画，也许宝宝一个符号代表的就是一个故事。从宝宝的讲述中，可以听见宝宝的内心表达，了解宝宝的所思所想。通过耐心倾听，也可以让宝宝感受到家长对他的关注，增强宝宝表达的愿望和"创作"的信心。

四 ▶ 给宝宝创造自由涂鸦的空间

家长可以用黑板贴给宝宝设置一面涂鸦墙，也可以给宝宝布置一个自由的角落，放上有足够的纸和笔等材料，鼓励宝宝"创作"，让宝宝知道这个空间属于他，在这里他可以随意发挥和"创作"。当然宝宝在开始可能还会到处画，这时候家长不要过多的批评宝宝，而是要带宝宝到涂鸦区，让宝宝在涂鸦区画画，家长要告诉宝宝涂鸦区是画画的地方，想画画就到涂鸦区，帮助宝宝建立规则。

　　家长还可以给宝宝提供各种材料，比如各种饮料瓶、T恤、废纸盒、石头、吹塑板、报纸等，让宝宝感受不同的工具所产生的不同效果，不仅可以提高宝宝涂鸦的兴趣，还可以发展宝宝的创造力。

思考与应用

　　给宝宝准备彩笔和纸，和宝宝一起随意涂鸦吧。

第24课 怎样提升宝宝观察力

观察力对宝宝思维的发展至关重要，是宝宝想象力和创造力发展的源泉，也是智力构成的重要组成部分。1—2岁的宝宝好奇心强，喜欢探索，他们时时刻刻都会使用各种感官观察和探索这个世界，家长应该正确引导宝宝，提升宝宝的观察力。

案例

果果1岁半了，妈妈正在教果果认识挂图上的水果。突然挂图掉下来，墙上露出一个洞，果果就一直盯着洞看，还想让妈妈抱着他看，妈妈想让果果继续认识挂图上的水果，但果果完全不听话，就用胶带把挂图粘在墙上，挡住了那个洞。果果看不到洞了，就大哭大闹，非要把挂图拿下来，最后还把挂图弄坏了，妈妈很生气，果果也哭闹了很长时间。

妈妈带果果在花园里滑滑梯，果果滑了一会儿就蹲在地上不起来了，妈妈问他在干什么，他也不理妈妈。妈妈蹲下来一看，原来是在看蚂蚁，妈妈说："蚂蚁有什么好看的，快去滑滑梯了。"果果也不听，妈妈有点生气，大声说："果果滑滑梯了，如果不滑就回家了"。果果还是不理妈妈，妈妈生气地拉起果果，果果大声说："不，不回"。妈妈没办法就只能等着他，他就蹲着一直看，还跟着蚂蚁往前走，直到蚂蚁爬到草丛里才停下来。妈妈感觉非常奇怪，宝宝为什么对蚂蚁这么感兴趣呢?

分析 ▶

1岁多的宝宝好奇心强，喜欢到处探索，对于自己感兴趣的事物会反复观察，仔细研究。

就像案例中的果果一样喜欢观察小洞，喜欢看小蚂蚁、碎纸屑等微小的事物，他们还能够从图书中找到最微小的细节，有很多是我们成人经常忽略的细节。这时候家长就会误解宝宝，认为宝宝所做的事情毫无意义总想制止。其实这是宝宝进入细节敏感期的表现。

这个敏感期能够让宝宝掌握事物的细节，但是这并不意味着宝宝总会这样。宝宝对于细小事物的观察，能够帮助宝宝发现事物之间的差异，提升宝宝的认知。宝宝对细小事物的观察需要专注、耐心，有助于宝宝理解力和思维力的发展，观察的过程中，宝宝会渐渐发现事物的特征，从而增强对周围环境的敏感度和观察事物的敏锐性，对于宝宝观察力和注意力的培养有很大帮助。

案例中的果果对于小洞和蚂蚁的探索是宝宝自发的，因此家长没有必要去阻挡宝宝，反而应该保护宝宝的自发探索行为。案例中果果妈妈的行为干扰了宝宝的探索，阻碍了宝宝对细节的观察，让宝宝的大脑工作出现中断，影响宝宝的专注力。

建议

宝宝对周围世界有天然的洞察力，观察力的发展在宝宝探索过程中自然进行，家长应该鼓励宝宝的探索，正确引导宝宝的观察，提升宝宝的观察力。

一 宝宝在观察事物的时候，耐心等待

宝宝正处于对世界的探索和学习时期，家长不需要刻意引导孩子的观察，也不要为了某个"正确"的目的而"干扰"宝宝的观察。家长要学会欣赏宝宝自发的探索行为，当宝宝在认真观察一件事物的时候，家长应该追随宝宝的视线或手指的方向，和宝宝一起观察，或者是在一边耐心等待。这其实是对宝宝的探索行为最好的鼓励，能够保护宝宝的好奇心，有助于宝宝观察力和专注力的培养。

二 走出家门，给宝宝提供丰富的观察机会

家长在给宝宝自由的同时，也要想办法增加宝宝观察的机会，给宝宝增加观察的时间。首先家长要了解宝宝的兴趣，根据宝宝的兴趣，给宝宝提供可以观察的素材，如果宝宝喜欢小动物，家长就可以经常带宝宝去动物园；如果宝宝喜欢植物，家长就常带宝宝去公园；大自然的广阔天地，会给宝宝提供更丰富的观察对象，因此，家长应该经常带宝宝走出家门，给宝宝提供更多观察的机会。

三 在互动中，正确引导宝宝的观察方式

生活中家长还可以适时与宝宝互动，帮助宝宝观察，或对他观察的事物进行解说，这样能够增加宝宝对事物的兴趣，强化宝宝的注意力。比如，当宝宝在观察小洞时，启发他思考"这个小洞是怎么来的"等。如果不存在互动，宝宝的注意力会很快转移，他会去寻求一些更新奇的事物，但是一旦互动，宝宝的兴趣

会倍增，会主动去思考，对这个事物保持更长的注意时间，促进专注力的形成。

家长也可以引导宝宝全面观察事物，引导宝宝有重点、有顺序地进行观察，也可以引导宝宝做对比观察，找到不同点和相同点，比如观察这棵小花的叶子和那棵小花的叶子有什么不同，这件衣服的图案和那件衣服的图案一样不一样，等等。

（四）▶ 正向强化宝宝的观察行为，表扬宝宝的"细心"

心理学家威廉·詹姆斯说过，人性最深层的需要就是渴望别人的赞赏，这是人类之所以区别与动物的地方。对于宝宝来说，同样重要，面对不够熟悉的世界，家长是宝宝最亲近的依恋对象，家长对宝宝的认可和表扬是宝宝获得良好自我认知的前提。宝宝是非常敏感的，他不仅能够观察到生活中的细小事物，同样能够觉察家长的情绪变化。因此，对于宝宝细致入微的观察行为，家长应该给予恰当的表扬，正向强化宝宝的观察行为，让宝宝更喜欢观察。如，当宝宝发现了一个细小事物时，家长可以对宝宝的发现表示惊讶，然后告诉宝宝："哇，你太厉害了，这么小的豆子都能发现呢！"提升宝宝对自我的认可，让宝宝更积极地观察。

思考与应用

家长和宝宝一起玩"找不同"游戏，提升宝宝的观察力。

第25课
宝宝爱咬人怎么办

很多1岁多的宝宝喜欢咬人，有的宝宝生气的时候咬人，有的宝宝高兴的时候咬人，面对宝宝的咬人行为，家长应该如何应对呢？

案例

嘟嘟14个月了，最近他出现了一种很危险的"爱好"——咬人。他尤其喜欢咬和他最亲密的妈妈。有时，嘟嘟在妈妈的手臂上能咬出深深的牙印。妈妈不知道嘟嘟为什么咬她，但她知道这肯定不是因为愤怒或生气。通常，嘟嘟咬人时，他们母子俩只是很平常地正在屋里游戏或嬉闹，每次都是在很开心的气氛中，嘟嘟会突然狠狠地咬妈妈一口，即使妈妈很痛苦地叫，他也不松口。妈妈想用手掰开他的嘴，又怕伤到他的小牙，只好等到他自己松口。

分析 ▶

像案例中的嘟嘟一样，生活中很多宝宝也会出现咬人的现象，其实1岁多的宝宝咬人大多是属于婴幼儿生理和心理发展上的阶段性问题，不能被定义为恶劣的攻击性行为。家长应该了解宝宝咬人的原因，正确引导宝宝的行为。宝宝为什么喜欢咬人呢？

一　模仿他人的行为

1岁多的宝宝喜欢模仿他人的行为，有些家长对宝宝嫩滑的小鲜肉爱不释手，喜欢轻轻地咬一咬宝宝的小脸蛋、小胳膊、小脚丫等。如果家里有人咬了宝宝之后还很高兴，宝宝也会去尝试这一动作。然而因为宝宝的精细运动技能还没有完全发展好，自我控制能力弱，因此会导致宝宝不仅咬人，还会咬得很疼，久而久之就养成了咬人的习惯。

二　沟通的一种方式 ▶

1—2岁的宝宝语言发展尚未成熟，表达能力不够，所以会用"咬人"的方式与家长沟通，向家长表达自己的情绪或者需要。像案例中的嘟嘟就把咬人当成了与妈妈之间的一种特殊交流沟通方式，一高兴就会咬妈妈，这其实是宝宝在表达自己的高兴情绪。爱咬人的宝宝不止嘟嘟一个，只不过他们有的是生气时咬人，有的是高兴时咬人，也有的是着急的时候咬人，这些大多是因为宝宝无法用语言正确表达自己的情绪，等宝宝两岁之后，尤其是语言表达逐渐成熟之后，咬人行为就会慢慢消失。

三　引起他人的注意 ▶

有时候被咬人的过度反应也会让宝宝喜欢上咬人，宝宝偶尔的咬人动作，可能会引发家长过度的反应，如尖叫、欢笑、假装生气等反应会让宝宝觉得很新奇，宝宝会因为家长的反应产生成就感，如果宝宝喜欢这些反应，他就会重复咬人的动作，慢慢喜欢上咬人。有的宝宝还会通过咬人来获得家长的关注，当他想引起家长注意的时候，就会做出咬人的动作。

建议

那么，面对宝宝的咬人行为，家长该怎么做呢？

一 ▶ 理智面对宝宝的咬人行为

被咬之后，家长要心平气和地面对宝宝，不要激动或大喊大叫，更不要因为宝宝咬人而去咬他，或者打宝宝的嘴巴，因为伤害宝宝并不能帮助他学会停止伤害别人。过于情绪化的表现，对宝宝来说是一种关注，会强化宝宝的咬人行为。

宝宝非常敏感，当家长被咬时，可以用严肃的表情告诉宝宝："我生气了，你这样做是不对的。"或者家长若能忍住的话就面无表情，当什么也没有发生过，久而久之他觉得无聊就不咬了。家长需要用他理解的方式告诉他这样"不可以"，当然，宝宝可能不会每次都听，所以家长需要多次重复，并保持耐心。

二 ▶ 教宝宝合理表达自己的想法

当宝宝像案例中的嘟嘟一样因为无法表达自己的情绪而咬人时，家长就需要帮助宝宝学会正确表达自己情绪的方式，能够让宝宝用正确的行为代替咬人的行为。如：宝宝高兴时，可以教给宝宝用拍手或拥抱来表达；宝宝生气时，可以用摆手、摇头或跺脚来表达。

像案例中嘟嘟的妈妈在宝宝咬她时，就可以告诉嘟嘟："当你高兴的时候，你可以抱抱妈妈，亲亲妈妈。"之后示范给宝宝看，当宝宝使用正确的表达方式时，家长一定要给宝宝积极的反馈，表扬宝宝的行为，让宝宝更喜欢使用正确的表达方式，减少宝宝的咬人行为。

三 ▸ **多陪伴、多关注**

1岁多的宝宝特别渴望家长的关注，很多宝宝会用咬人的方式吸引家长的注意。家长可以给宝宝提供更多积极有趣的活动，多和宝宝互动，让他"忙"起来，这样就能够有效减少咬人事件的发生。

四 ▸ **注意观察防止宝宝咬人**

如果家长知道宝宝有时候会咬人，当宝宝和其他小朋友在一起时，就要时刻注意观察宝宝的行为，当宝宝准备咬人时，家长要及时制止，温柔且坚定地告诉他："咬人是不可以的。"然后察觉宝宝行为背后的需求，尽量满足宝宝的需求。家长也可以用其他事物转移宝宝的注意力。

五 ▸ **正确处理"咬人"的行为**

如果自家宝宝咬了其他小朋友，家长要先平复下宝宝的情绪，然后让他跟你一起安慰被咬的宝宝。家长可以说："你看，小明现在很疼，他哭得多伤心啊！咱们怎么做能让他不疼，不哭了呢？"培养宝宝的共情能力。

如果被咬宝宝的家长认为你应该惩罚咬人的宝宝，家长要首先替宝宝道歉，同理对方的感受，并解释宝宝的行为，在解决问题的同时，征得对方的理解。

思考与应用

　　家长制作表情卡，带宝宝一起学习认识四个基本情绪：高兴、生气、悲伤、害怕。

第26课

宝宝发脾气怎么办

面对发脾气的宝宝，很多家长都头疼不已，为了尽快停止宝宝的坏脾气，挽回家长的"面子"，很多家长都会用训斥或打骂等简单粗暴的方式解决。殊不知宝宝的每一次情绪爆发都是家长和宝宝深入沟通的机会，能够让家长深入了解宝宝的内心，增进亲子关系。因此，宝宝情绪不好，发脾气的时候，家长要学会理性应对，帮宝宝健康、快乐地成长。

案例

妈妈带着两岁的儿子在小区玩耍。刚开始玩得很开心，看看花看看树。当兴奋的儿子要摘树上的花时，妈妈没有同意，一是怕儿子花粉过敏，二是出于爱护环境的考虑。但是，她的不同意却引发了儿子的激烈反抗，继而哭闹发脾气，甚至一屁股坐在地上打起滚儿来。儿子的"臭脾气"让她非常不耐烦，看着周围众多家长的围观，她一气之下打了儿子，这时候宝宝哭闹得更厉害了，她只好抱起儿子回家了。

类似的事情发生过很多次，她也想不明白，儿子以前特别听话，特别乖，最近不知怎么一点儿小事不顺他的心就大哭大闹，甚至有时还趴在地上不起来，问他原因，也表达不清楚。打也打过，骂也骂过，实在拿他没办法，到底该怎么办才好呢？

分析 ▶

很多1—2岁的宝宝都会出现这样的变化，原本听话乖巧的宝宝为什么变得容易发脾气呢?

一　自我意识萌发让宝宝容易发脾气 ▶

这个年龄段的宝宝自我意识开始萌芽，逐渐有了自己的想法，并趋于复杂化，往往以"自我"为中心，喜欢按照自己的意愿去做事情，认为"我能干""我可以""我想要"。家长要了解宝宝在这个年龄阶段的特点，如果家长忽视了宝宝的感受，一味地认为他们什么也不懂，依然用以往的方式安排或控制宝宝，导致宝宝不能按照自己的想法做事，他就会通过发脾气来表达自己的不满。

另外，宝宝在建立自我意识的过程中，会发现思维和现实的差异。之后就会因为不接受这种差异而导致特别的执拗，这段时期被称作"执拗期"。这段时间，宝宝开始挑战家长的权威，这是他寻求自主感的外在体现，是宝宝的又一个重要的成长。家长要正确认识宝宝的执拗期，如果家长在这个阶段感觉宝宝任性，不尊重宝宝的意见，宝宝就会发脾气。

二　秩序敏感期让宝宝容易发脾气 ▶

1—2岁的宝宝处于秩序敏感期，他会希望看到的东西都摆在自己熟悉的位置上，对每个物品的使用必须有特定的方法。如果周围的事物发生变化，或有人打破了宝宝习惯的生活秩序，宝宝就会不高兴，会生气。宝宝会想尽办法把东西恢复原位，这时如果家长制止宝宝的行为，他就会大哭大闹发脾气。

三　语言表达能力不强，让宝宝容易发脾气 ▶

1—2岁的宝宝只能用简单的词或短语来表达自己的想法，而且宝宝的发音还不够清楚，不能够准确的表达自己的需要或需求，如果家长没有听懂他的意思，那么宝宝就会发脾气，因为他们努力去表达了，却没有获得想要的帮助。

面对发脾气的宝宝，家长一定要控制自己的情绪，理性面对。

一▶ 温柔而平静地对待发脾气的宝宝

对于发脾气的宝宝，家长的语言要温和平静，动作要轻柔。让宝宝感觉到你是爱他的，一定不要让宝宝觉得他的"坏脾气"能够激怒你，不然他会越发"兴奋"，脾气会越大，家长的平静会让宝宝潜移默化的受到影响也平静下来。感受到你能控制自己的情绪。

二▶ 靠近宝宝，抱着他，微笑地面对他

研究表明，身体上的拥抱，亲密接触，会让人得到安慰和安全感，能够安抚人不良的情绪。特别是宝宝身体不舒服而发脾气时，更需要这样的安抚和拥抱。也许，面对你的微笑和拥抱，他会收住脾气，还你一个微笑和拥抱。

三▶ 转移宝宝的注意力

这个时期的宝宝很容易被新鲜的事物所吸引，当他发脾气时，家长可以尝试转移宝宝的注意力，如新的游戏、玩具或图书，也可以找一个宝宝平时感兴趣的事情，让他参与进来，宝宝就会慢慢忘记发脾气的事。还可以把宝宝抱起来离开事发现场，慢慢安静下来。

四 ▶ 适当的"不理会"

这种方法要因宝宝而异。对于那种越哄哭闹得越厉害的宝宝，适合用这种办法。家长可以假装在做别的事，但是一定要暗中观察宝宝的变化，他如果慢慢不发脾气了，也就算了。如果还继续发脾气哭闹，家长就要及时处理了，不能时间过长的任由宝宝发脾气。

如果是在公众场合宝宝发脾气，比如在商场、马路上发脾气，家长更要心平气和地把宝宝抱到一边，等他哭闹劲头过了，再和宝宝解决问题，切记不要当着众人的面批评宝宝。

五 ▶ 照料人要态度一致

家长的态度要一致，这一点非常重要。不要"一个唱红脸，一个唱白脸"；更有甚者，家长之间争吵不休，宝宝没哭闹，家长倒打起来了。这对宝宝的影响非常不好。宝宝虽然年龄小，但也会"察言观色"，时间久了会造成宝宝"两面派"，在爸爸面前一个样，在妈妈面前又是一个样，影响宝宝的是非观念，不利于宝宝心理健康成长。如果家长有分歧，一定不能当着宝宝的面争吵，更不能相互指责。家长双方好好探讨刚刚发生的事情，找出更恰当更科学的教育方法，宝宝再犯错误发脾气就能迎刃而解了。

六 ▶ 注意训练宝宝的"延迟满足感"

在平时的生活中，要让宝宝体验"延迟满足感"，当他要一个事物或想做一件事情的时候，家长不要立刻满足他的要求，让他有一定的等待过程，但是等待过程不宜太长。让宝宝在耐心

"等待"之后，再获得"满足"。他不仅能够得到"满足"后的喜悦，时间久了，还可以提升宝宝的自控能力，宝宝也会对玩具等的需求迫切度也会降低，进而减少发脾气的机会。

七 ▶ 通过巧妙沟通减少宝宝发脾气

面对过于执拗的宝宝，家长要以平常心对待，帮助宝宝顺利度过这个时期。对于宝宝不想做的事情，家长要积极引导。比如，对待宝宝因为不想洗澡而发脾气的问题，家长不要过于急迫，可以尝试"正负"组合的方式，把宝宝想做的事情和不想做的事情搭配起来问宝宝。如"我们一边玩水枪，一边洗澡好不好"，这样宝宝一般都会答应。

总之，宝宝发脾气、哭闹，是正常的情绪表达。家长不要一味打压、盲目制止，这样"治标不治本"。家长要学会正确对待宝宝的不良情绪，更多用疏导的办法解决问题。久而久之，宝宝能学会正确表达自己的情绪，顺利度过这个时期，为他今后的心理发展等奠定好的基础。

思考与应用

回忆最近一次宝宝发脾气的情境，写出自己当时的感受、想法和做法。同时，反思自己的行为，当再次遇到宝宝发脾气时，将会如何处理？

第27课 如何对宝宝进行如厕训练

宝宝的如厕问题困扰着很多家长，有的家长认为这是个艰巨的任务，为了让宝宝尽快地学会如厕，不到1岁就开始训练了；也有家长觉得如厕训练不着急，往后推一推再说。那么，到底应该从什么时候开始对宝宝进行如厕训练呢？

案例

小石榴1岁5个月了，妈妈怕她老穿尿不湿长痱子，就决定训练她自己小便，于是给她买了专用的小马桶，希望通过卡通、可爱的形象吸引她去小便，刚开始还好，小石榴会时不时去坐坐，偶尔也能尿到里面，妈妈很欣慰，每次都表扬她。

然而，两周后，小石榴就不喜欢用小马桶了。每次妈妈带她坐下时她不尿，等一提上裤子就"哗哗"地尿一裤，像是故意的。妈妈不敢说她，怕她产生逆反心理更不配合。每当她成功尿在马桶里面时，妈妈都会给她奖励，可这样的次数并不多。有时，妈妈觉得不见效，就又给她穿上尿不湿了，过一段时间再训练，就这样反反复复，妈妈感到很困惑，这样训练到底对不对呢？

分析 ▶

如厕训练是宝宝成长的必经阶段，正确的如厕训练能够帮助宝宝养成好的如厕习惯，相反，如果训练不当，容易对宝宝的身心发展带来不良的影响。

一 过早或延期训练的影响 ▶

欲速则不达，过早训练反而会推迟良好如厕习惯的养成。宝宝控制尿便的神经系统和括约肌，通常在18—24个月才能发育成熟，在此之前刻意训练宝宝排尿排便，往往效果不佳，还会引起宝宝的逆反心理与抗拒行为。研究发现，许多在18个月以前便开始接受如厕训练的宝宝，直到4周岁后才学会自己大小便；相反，那些在2周岁开始训练的，到3周岁时几乎都能自己上卫生间了。因此，当宝宝身体和神经系统发育逐渐成熟时，才能进行正常的如厕训练。

另外，延时训练也会妨碍宝宝如厕习惯的养成。有些家长为了图方便，给宝宝穿尿不湿时间过久，容易让宝宝养成随意排便的习惯，或者出现摘掉尿不湿后，憋尿不敢排便的现象。

二 训练方法不当的后果 ▶

培养宝宝良好的排便习惯是一个长期的、循序渐进的过程，如果家长操之过急或者训练不得法，会让宝宝和家长都感到痛苦。当宝宝配合不好的时候，有些家长会感到很沮丧，甚至会责罚宝宝。事实证明，责罚不但对宝宝建立自主的排便反射没有任何帮助，反而会引发宝宝焦虑、不安等负面情绪，让宝宝形成"我尿湿了裤子，我是一个坏孩子""我尿湿了裤子，爸爸妈妈不再喜欢我了"等不良自我认知，产生胆怯、退缩或抗拒等反应。因此，家长要多给宝宝鼓励而不是处罚，耐心地帮助宝宝适应训练，避免给宝宝太多压力。

三 如厕训练过程中的反复甚至倒退现象是正常的 ▶

没有一个宝宝在如厕训练过程中是一帆风顺的，出现反复，甚至暂时性的倒退也很正常。如宝宝已经连续好几天没有尿床了，刚夸奖他进步了，结果晚上又"画地图"；在家里已经表现得很好了，到了亲友家又开始尿裤子……其实，这都是宝宝在学习如厕过程中会经历的正常现象，家长不必着急。像案例中的小石榴一样，如果某段时间大小便训练出现倒退，家长应放松心态，对宝宝出现的尿床、尿裤子等情况充分接纳，继续耐心引导，帮助宝宝逐步适应如厕过程。

建议

家长应在科学的训练方法基础上，本着不焦急、不责备的态度，并适时给予鼓励，帮助宝宝慢慢养成良好的如厕习惯。

一 ▶ 做好物质准备

在训练宝宝独立如厕前，家长要为宝宝做好充分的物质准备。为宝宝准备大小、高度合适的坐便器，让宝宝在如厕时有舒适的感觉。款式不宜太花哨，否则宝宝容易分心，不利于如厕训练。同时，家长要为宝宝准备松紧合适的裤子，让宝宝能够轻松地穿脱。家长最好选择夏天或春秋温度适宜的时节，帮宝宝训练如厕。在如厕训练初期，宝宝需要一段时间的适应，可能会尿湿裤子，家长要多给宝宝准备换洗的衣服，及时更换清洗，保证宝宝的干净卫生。

二 ▶ 让宝宝了解如厕这件事

除了物质准备，家长还要帮宝宝做好如厕前的认知准备。首先，要帮助宝宝认识如厕这件事，家长可以与宝宝一起阅读有关如厕的绘本，让宝宝正确认识如厕，知道如厕需要去厕所。家长也可以通过一些早教的视频节目让宝宝认识如厕。在开始训练时，当宝宝尿裤子时，家长也要告诉宝宝："宝宝尿尿了，下次如果想尿尿就告诉妈妈，妈妈带你去厕所。"让宝宝正确认识如厕，慢慢了解如厕的感觉。

三 ▶ 鼓励宝宝学会表达

当发现宝宝想要排便时，鼓励宝宝用自己的方式表达出来。对于语言发展较快的宝宝，家长要鼓励宝宝在感觉到有便意的时候告诉家长；对于语言发展较慢的宝宝，家长要鼓励宝宝通过肢体语言、动作表达出来。家长要及时捕捉到宝宝排便的信号，并做出正确的回应。

四 ▶ 帮助宝宝养成良好的如厕习惯

通过耐心、反复的讲解，让宝宝知道如厕的步骤：向家长示意、来到坐便器前、脱裤子、坐在坐便器上、排便、擦屁股、穿裤子、洗手。在如厕训练的整个过程中，家长帮助宝宝养成如厕的良好习惯。

规律排便的习惯。家长要了解本年龄段宝宝的排便规律：1岁以后宝宝每天小便10次左右，大便次数一般为每天1—2次。有的宝宝2天1次，如果很规律，大便形状也正常，家长也不必焦虑，宝宝之间有个体差异，这都是正常现象。家长可以每天记录宝宝的排大便的时间，以便帮助宝宝养成有规律的排便习惯。家长可以每天早晨带宝宝去蹲坐便器，即使没有便意也试着坐一会儿，坚持一段时间后，宝宝就会形成习惯。

正确使用坐便器的习惯。将坐便器放在厕所的特定位置，每次都带宝宝去固定的地点大小便。在使用坐便器的时候，告诉宝宝：要尿到坐便器里面。特别注意的是，男宝宝不要一开始就站立小便，大小便都要坐在坐便器上，让宝宝明白两件事都可以在坐便器里完成。

有的宝宝一开始不愿意使用小马桶，家长也不要强迫宝宝，而是更加耐心地引导，让宝宝逐渐接受小马桶。强迫使用会让宝宝产生心理压力，影响正常的排便，不利于习惯的养成。

便后洗手的习惯。家长每次带宝宝如厕之后，都要带宝宝一起洗手。家长需要给宝宝准备一个带台阶的凳子，让宝宝站在上面能够到洗手池，在洗手时，家长可以用儿歌教给宝宝正确的洗手方式，如"小宝宝，爱洗手，大家一起卷袖口，擦一擦，搓一搓，我们的小手真干净"。家长可以给宝宝准备适合的洗手液，吸引宝宝的注意，让宝宝学会正确的洗手方式，养成良好的卫生习惯。

思考与应用

教宝宝学唱洗手歌，让宝宝学会正确洗手的步骤。

如何应对宝宝的"两面性"

生活中有很多"双面宝宝",在家里是无法无天的"小霸王",在外面却是软弱的"受气包",为什么宝宝在家里和在外面有这么大的反差呢?

案例

木木是个不到两岁的小男孩。最近妈妈发现木木在外面玩的时候特别胆小,妈妈带木木在小区里玩滑梯,好多小朋友都在滑梯上玩,木木总是等到人少的时候才敢上去,在滑下来的时候,一看到有人从下面往上爬,他就马上退后在一边等着人家爬上去他才敢滑下来。在小区里玩的时候,看到有小朋友跑过来,他就自动停下躲在一边儿,等人家过去了他才会往前走。有小朋友撞了他,他也不生气,小朋友拿他的玩具,他也不会抢过来,只会哭着找妈妈。

可是木木在家里就不一样,非常活泼好动,家里的玩具都会扔得到处都是,妈妈让他收拾,他也不听,越让他收拾,他就扔得越厉害,妈妈刚想说他,奶奶就出来帮忙收拾好了,还说"不就是收个玩具吗,我帮我孙子收"。有时候其他的小朋友来家里玩,木木还会特别兴奋,会不停地尖叫,还会推其他的小朋友,一点也不胆小。妈妈就很奇怪为什么宝宝在家里和在外面这么不一样呢?

分析 ▶

很多宝宝都会像案例中的木木一样,在家是条"龙",在外是只"虫",为什么宝宝会出现这样不同的表现呢?

一　家长的溺爱和放纵 ▶

宝宝在家表现得无法无天其实是家长纵容的结果，家长的娇惯、宠爱、放纵，会让宝宝在家里随心所欲、没有规矩。

现在很多家庭中，家长因为工作原因，没有时间和精力照顾宝宝，会把宝宝交给老人照看，老人有时间，也有经验，能够带宝宝参加各种活动，这样家长的压力会减小，但是由于"隔代亲"，老人很容易溺爱宝宝，在家里会一味地满足宝宝的需要，这就很容易造成宝宝在家随心所欲的习惯。1—2岁的宝宝自我意识开始萌发，喜欢按照自己的想法做事，喜欢和家长对着干，如果家长想要给宝宝建立规则就需要全家人统一观念，否则就会出现"家长管宝宝，老人顺着宝宝"，教养态度不一致不利于宝宝的成长。像案例中的木木在家里乱扔玩具，每次都不收拾，当家长让他收拾时，奶奶却主动帮忙，让木木觉得可以不遵守规则，不利于宝宝规则意识的建立。

二　宝宝缺乏交往能力 ▶

1岁左右的宝宝社会交往主要以家庭为主，交往范围主要是和家人之间的交往，同伴关系还处于萌芽阶段，和同伴之间还谈不上真正意义的交往。这个阶段的宝宝对于比较陌生的环境和人会有一定的焦虑，他还会发现在外面，大家不会像家长一样顺着自己，关注自己，这就会让宝宝没有安全感，因此会表现的无所适从，很多宝宝就会显得胆小懦弱，不敢去和别人交往。

另外，宝宝语言表达能力不足，还不能很好地表达自己的想法，再加上很多老人因为怕宝宝吃亏，很少带宝宝与其他小朋友玩，即使在玩的时候，也会一味地护着宝宝，让宝宝感觉自己无法独立和同伴交往，使宝宝缺少与同伴独立交往的经验，从而变得胆小怕事。

建议

　　案例中家长的困惑有两点，一是如何解决宝宝在家不守规矩的问题；二是在外面不会与人交往的问题。其实这是两件事，应该逐一解决。

一 ▶ 家庭成员教育观点要一致，给宝宝建立规则意识

　　在教养宝宝的过程中，家长一定要统一教养观念，特别是要和老人统一观念。年轻家长要积极和老人沟通，一家人形成统一的规则和要求，之后再温和而坚定的执行。对于1—2岁的宝宝来说，家长可以在生活习惯方面制定规则，帮助宝宝养成良好的生活习惯，如：饭前洗手、独立进餐、合作收拾玩具等等，在制定好规则之后，家长就要循序渐进的帮助宝宝遵守规则，在这个过程中，家长一定要坚持原则，不要轻易退缩，否则就会让宝宝认为规则可以被改变，以后再让他遵守就比较困难了。

　　如果宝宝提出无理要求，或者任性、耍赖，家长要态度坚决地制止，并保持前后一致。当宝宝因为家长的拒绝而哭闹时，家长可以理解宝宝的感受，接纳宝宝的情绪宣泄，但就是不能破坏规则。当然宝宝对规则的试探和挑战会有很多次，家长一定要坚持自己的原则，同时所有的家人一定要统一标准。这样宝宝就能够逐步改善自己的行为，树立一定的规则意识，在家里也能做到有礼有节。

二 ▶ 多给宝宝提供与同伴交往的机会

1—2岁宝宝的交往还是以家庭为主，但是宝宝已经开始关注同伴了，他们也想要和同龄宝宝一起玩，喜欢模仿其他宝宝的行为。这时候，家长要多带宝宝外出，让宝宝在熟悉周围环境的同时，找到更多的同伴。家长带宝宝外出时，家长可以先充当宝宝的玩伴，和宝宝一起在户外玩适合宝宝的游戏，当宝宝对周围的环境熟悉并建立起安全感后，就会关注周围的人了。

如果宝宝一开始比较胆怯，家长可以先带宝宝和年龄比较小的宝宝认识，这样宝宝会感觉更安全，当宝宝能够和小朋友一起相处时，宝宝就能够慢慢适应和同伴相处了。然后，家长可以邀请熟悉的同龄宝宝在家里做客，让宝宝在家里和同伴交往，在交往中，家长要给宝宝充分的自由和信任，不要过多地要求和限制宝宝，这个阶段的宝宝还不会真正的交往，他们会关注同伴、模仿同伴，在关注和模仿的过程中就能够学会和同伴相处了。家长可以表扬宝宝在交往中好的行为，提升宝宝的交往能力。这样慢慢地过度，宝宝就能够在外面和其他同伴大胆相处了。

三 ▶ 玩交往游戏，帮助宝宝学会同伴交往的方法

家长可以在家里和宝宝玩"过家家"，帮助宝宝学会同伴交往的技巧。宝宝的交往方法都是在和家长交往的过程中慢慢习得的，家长是宝宝的第一个朋友，也是宝宝心中的朋友代表，家长如何对待宝宝，宝宝就会如何对待他的朋友。因此，家长要在生活中注意自己的言行，要做到待人热情，有礼貌，那么宝宝也能学会与同伴友好相处了。

思考与应用

　　家长和宝宝一起阅读人际交往主题的绘本，让宝宝积累同伴相处的技巧。

第29课
怎样让宝宝爱说话

别人家的小宝已经可以开口叫"爸爸""妈妈""爷爷""奶奶"了，自己的宝宝还是只会"嗯嗯""啊啊""噗噗"；别人家的宝宝已经会使用简单的词语进行表达了，自己家的宝宝只会用手指指……那么怎样才能尽快教会宝宝说话，提高宝宝的口语表达能力呢？

案例

文文的爸爸妈妈工作非常忙，还经常出差，文文从出生就由保姆照看，保姆照顾得非常细致，对于宝宝的需求观察得非常仔细，文文想要什么，用手一指保姆就拿给他。1岁半的时候，文文只会用"嗯嗯""啊啊"来表达自己的需求。这可急坏了文文的爸爸妈妈。妈妈带文文去了大大小小的医院检查了好几次，都说没有问题，医生建议平时多跟孩子交流。为此，妈妈辞去工作在家陪文文，经常和文文说话，还每天让文文听儿歌，听故事，创造良好的语言环境。不久，文文开始说话了，从一个字到两个字，在两岁的时候终于能说两个词的句子了，文文的性格也变得活泼起来。

分析 ▶

1岁左右的宝宝能够听懂简单的字、词，开始说简单的词了，可以使用手势和少量词汇来表达自己的需要。慢慢的，他们能理解的词汇越来越多，也开始逐渐把单个词组合成两个词的句子，开始用自己的名字或人称代词来指代自己，开始用语言来影响他人的行为。例如，宝宝指向球并说出"我（要）球""我玩"等。

在1—2岁的时候，宝宝会喜欢听各种声音，喜欢注视成人说话的口型并咿咿呀呀的模仿。很多家长都会担心宝宝的说话问题，为什么有的宝宝会开口晚呢？

一 宝宝缺少表达的机会 ▶

说话是人与人之间交流的主要方式，对1—2岁的宝宝来说，语言是宝宝与家长沟通的一种新的途径，如果宝宝在与家长沟通的过程中，完全不用语言就能够达成目的，宝宝就不会想去学习这种新的沟通方式了。生活中很多家长都非常了解宝宝，宝宝的一个眼神、一个动作，家长就能看懂，能及时地帮助宝宝完成，这就会造成宝宝的语言惰性，宝宝会认为肢体动作就可以完成沟通的任务。像案例中的文文一样，保姆细致周到的照顾就让他失去了说话的欲望，从而导致说话晚的现象。

另外，家长和宝宝语言交流少，宝宝接受的语言刺激少，也会让宝宝说话晚。

二 家长的焦虑情绪让宝宝不愿意表达 ▶

在宝宝刚开始说话的时候，很多宝宝会说话慢或口齿不清，很多家长看到别人的孩子早就学会说话了就会非常着急，强迫宝宝"说出来"，"好好说"。家长越焦虑越催促，无形中给宝宝带来压力，使得宝宝更不愿说了。其次，有些家长总是急于替宝宝说话，当宝宝结结巴巴的表达时，家长会因宝宝表达不清楚，急于给宝宝纠正，不让宝宝自己说完。这种行为也会打击宝宝说话的积极性，久而久之，宝宝就不愿意开口说话了。

建议

0—3岁是宝宝语言发展敏感期，只有在适当的敏感期内给宝宝相应的刺激，才能为宝宝将来的口语发展打下良好的基础。家长要把握宝宝语言发展敏感期，对宝宝进行语言引导。

一 ▶ 进行有趣的听力训练

宝宝的口语表达能力与听力发育有密切的关系，1—2岁宝宝正处在听觉刺激阶段，家长引导的重点不是去教宝宝说话，而是让宝宝能够学会倾听。

家长不要认为宝宝还小什么都不懂，恰恰相反，这个时期的宝宝对任何事物都会产生好奇，对外界环境刺激十分敏感。所以，家长把宝宝当作独立的"个人"来看待，多和宝宝说话。除了和宝宝说话之外，1—2岁的宝宝非常喜欢听家长阅读绘本。家长声情并茂的阅读，时而细声细气，时而粗声粗气等，可以潜移默化的增强宝宝耳朵捕捉语言信息的能力。

另外，家长应该经常带宝宝外出，聆听自然界的各种声音。频繁的声音刺激能促进宝宝听觉和发音器官的发育和健全，聆听世界的声音，可以唤醒宝宝的耳朵，促进宝宝听力的发展。

二 ▶ 教宝宝口语表达的原则

家长是宝宝的第一任老师。当宝宝还不会开口说话时，他已经在家长身上学到了很多,当他开口说话时,家长们会惊讶地发现,宝宝并不是只会刻意教过的词汇。因为1—2岁的宝宝善于模仿,在这个阶段,宝宝会倾听并模仿家长说过的话。这时候家长应该做个好老师,经常与宝宝交流,为宝宝进行口语模仿创设好环境。在与孩子交流时,家长要注意以下几点:

1. 发音、吐字清晰,口型适度夸张。家长努力让自己的发音清晰、明确,尽量做到字正腔圆。让宝宝比较容易的辨识和模仿,如果家长看着宝宝的眼睛进行有趣夸张的口型示范,效果会事半功倍。

2. 讲话时语速放慢,适度重复。家长与宝宝讲话时,语速要慢一点,方便宝宝倾听。在宝宝说话初期,最好辅以手势、体态、表情等,让宝宝听清发音的同时,理解家长话语的内容。

3. 从简单句逐渐过渡到复杂句。宝宝的口语发展会经历不同的阶段,一般情况,宝宝口语表达会从单字到组合词,再到简单句,最后才是复杂句。在宝宝的口语表达上,家长不要急燥,先让宝宝从简单的句子说起,逐渐过渡到复杂句。

4. 语气语调丰富多变,富有感染力。1—2岁宝宝喜欢有节奏感的语音。在生活中、游戏时,家长多给宝宝朗诵节奏感强,抑扬顿挫的童谣和儿歌等,也可采用说唱的形式让宝宝反复听和模仿。

三 ▶ 游戏化口语练习

1—2岁的宝宝还听不懂太多的道理,对于这个阶段的宝宝,家长可以把口语教授以游戏的形式呈现出来。

　　游戏"眼睛、耳朵、鼻子、嘴"。1—2岁的宝宝可以清楚地知道并认识眼睛、耳朵、鼻子、嘴。家长在陪伴宝宝的时候，指着自己的鼻子说："鼻子"，然后稍等片刻，等待宝宝模仿。如果宝宝模仿得不错，继续下一轮，指读其他五官；如果宝宝口齿不清，可重复几次，然后进入下一轮。

思考与应用

　　家长选择一首节奏欢快的儿歌，教宝宝学说儿歌，可以加上简单动作，鼓励宝宝边说儿歌边做动作。

好的环境能够塑造宝宝好的性格，让宝宝变得自信、活泼、开朗；而坏的环境则容易让宝宝变得孤僻、暴躁、自卑。在出生后的头几年里，家庭是宝宝成长的主要场所。如今家庭中的物质条件相对丰富，家长更应该关注家庭精神环境的建设。

家庭中每个家庭成员的个人素质、道德修养，所持有的儿童观、教育观，所掌握的教育知识，以及家庭成员之间的人际关系氛围，都在影响宝宝的成长。家庭教育不只是简单的教育孩子，更是家长的自我教育，只有家长成长了，宝宝才能更好地成长。家长情绪平和、宽容大度时，家庭关系会处理得更好，家庭氛围更融洽，宝宝能够从家庭中获得安全感，形成温和友善的性格。

本篇内容旨在让家长意识到家庭环境是怎样影响宝宝成长的，从而反思自身教育行为，改善家人关系，营造温暖安全的家庭氛围，让每一位家庭成员都成为宝宝成长路上合格的陪伴者。

第30课
别让宝宝永远"长不大"

生活中很多家长忽略了宝宝自身成长的规律，导致很多宝宝出现教养失当的现象。家长的不放心、不信任、高控制，使宝宝失去了自由成长的机会。

案例

妈妈发现1岁多的小华变得越来越"不听话"，总是爬上爬下、好好的玩具被扔的乱七八糟、玩水时把水弄得到处都是……，惹得妈妈总是发脾气，经常大声呵斥和批评小华太调皮，太不听话。为了省去后来收拾和整理的麻烦，妈妈总是不让小华自己吃饭，都是妈妈喂他吃；因为他自己穿衣服慢，妈妈怕他感冒，所以都是妈妈给他穿；出去玩的时候，怕他累着和受伤，都用车子推着他。妈妈认为："只要我们能给他的，不管多忙多累我们都为宝宝做了，我们想让他无忧无虑、快乐的长大，不会吃饭、穿衣服算什么大事呢？这么小的宝宝能会啥呀？不都得家长照顾的精心一点吗？"

时间久了，小华也习惯了"衣来伸手饭来张口"的生活。然而在体检的过程中，医生却说小华的身体发育迟缓，各项能力都不达标，需要多锻炼。这可急坏了小华的妈妈，为什么自己这么用心地照顾，孩子还会发育迟缓呢？

分析 ▶

教育在人的发展中有着举足轻重的地位，0—3岁的宝宝在家庭中生活，宝宝的大脑发育、行为习惯、品行和良好性格等各种基本能力主要是在家长的指导下形成与完善的，可以说家庭环境和家庭教育对宝宝有极其深远而不可磨灭的影响，宝宝早期的家庭教育，能奠定宝宝一生的发展基石。

一　宝宝需要自我发展的自由

1—2岁是宝宝感觉、运动、记忆、语言等各方面能力快速形成的时期，宝宝这些能力的形成是在生理成熟和获得新经验的过程中实现的。生理成熟是靠遗传因素决定的，而家长的养育给宝宝提供了早期发展必需的经验。不论宝宝是拆卸玩具还是自己独立进餐，都是宝贝认知和感知世界的过程，有了自由，宝宝就会选择自己感兴趣的东西，因为有兴趣，他就会反复做，就变得专注，在长久的专注中，他逐渐感知并把握了实物的规律，把握了事物的规律，他就愿意遵守它，就有了自我控制力。因此，要给宝宝充分发展潜力的自由，充分认知的自由，才能有建立在自由基础上的规则和能力。而案例中的小华却因为妈妈的照顾失去了自己动手发展的机会，最终导致宝宝的能力发展受阻，这不仅影响宝宝的生理发展，也会影响宝宝的心理发展。

二　宝宝需要自主选择的自由

家长要给宝宝自由的时间和活动方式，即没有过多拘束，能提供多种选择的成长环境。如果用心观察，家长会发现宝宝有自己的活动方式，他的活动方式是与其自身的能力相匹配的，而且1—2岁宝宝的行为也是有目的性的，当宝宝为了达到自己的目的而采取相应的活动方式时，家长应该给宝宝充足的时间，并满足宝宝的自主选择，否则就会限制宝宝的思维发展，剥夺宝宝锻炼成长的机会。家长必须学会放手，把自由还给宝宝，允许他们在活动中不断练习，合理选择手段来达成自己的目的，只有这样宝宝的自我意识、主动性以及创造性才能体现，能力才能提高。

三 宝宝需要情感表达的自由 ▶

1—2岁是宝宝自主性萌芽的阶段，宝宝对"自主性"的认识还包含真实情绪情感的表达。对于1—2岁的宝宝来说，他的情绪情感都是自然流露的，不管是积极还是消极情绪都是宝宝真实情绪的一部分。家长不能忽略对宝宝情绪、情感的关注。而现实生活中有太多的家长不关注宝宝的情感表达。认为孩子小就是爱哭，并不去分析宝宝的内心是委屈还是生气，是着急还是害怕。家长应该站在宝宝的角度去理解他，并给予回应，让宝宝体验自己真实的情绪表达所带来的结果。这样才能让宝宝感受到真实表达情感的意义和价值，学会真实的表达自己的情感和情绪。这样宝宝的"自主性"才能得到健康的发展。

建议

良好而自由的成长环境，会推动宝宝各方面能力的发展。因此，为了宝宝的健康成长，家长要学会放手，给宝宝提供自由的成长环境。

一 ▶ 尊重宝宝的自由选择

家长尊重宝宝就是要把宝宝看作一个有能力，有自信的独特个体，认识到他本身的价值。然后在与宝宝的交往中体现出对宝宝的尊重。比如家长要抱宝宝，就要先征得宝宝的同意，然后等待宝宝的做出反应，得到允许才可以抱宝宝。在这个过程中征求意见是言语上的尊重，等待是行为上的尊重。因此，无论与宝宝发生什么样的互动，家长都要采取尊重的态度与宝宝平等对话。在这个过程中，宝宝也会潜移默化地学会如何尊重家长。

二▶ 了解宝宝的发展特点，培养独立能力

了解是尊重的基础和前提，1—2岁宝宝的发展更多地受控于生物学规律和个体成长规律，家长如果过于注重自己设计的目标和计划，很容易违背宝宝自身发展的内在逻辑。1—2岁的宝宝将经历人生第一个独立关键期，这一时期内，宝宝渴望自我服务并从中体会快乐。因此家长可以根据宝宝的年龄特点和能力来培养宝宝的自我服务技能。

（一）鼓励宝宝独立饮食

1岁时为宝宝提供专用的勺子和碗，鼓励宝宝学习自己吃饭，当发现宝宝进食量确实不够时再喂一喂；当宝宝到1岁半左右，就要把吃饭的自由完全交给宝宝，由宝宝根据自己饿与不饿来决定进食量，这时家长就不要再喂宝宝了。当然家长可以在进食方法上加以引导如告诉宝宝用左手扶碗，右手拿勺独立进餐，饭后用餐巾擦嘴，等等。

（二）引导宝宝多运动

1—2岁也是宝宝动作发展最迅速的时期，家长要为宝宝的自由运动做好充分的准备。这个阶段的宝宝正处于从爬到站，再到走，最后能达到跑、跳的阶段，为了宝宝的发展，家长应该放手还宝宝自由。当宝宝把前一个阶段的动作充分自由的练习后，就

能够非常顺利地过渡到下一个阶段，家长只要给宝宝提供他真正需要的帮助与支持即可。比如从爬到站，首先要为宝宝提供充分爬的环境，当宝宝的胳膊和腿有了力量之后，就要为他提供可以扶的物品以支撑身体站起来，从扶着物品走到独立行走，家长需要做的就是给宝宝自由练习的机会就能达到目标。

同样，小肌肉的运动也是如此，让宝宝自由的抓、握、拿、扔、捏……宝宝手眼协调能力就会自然提高。宝宝身体各部分肌肉如果能获得很好的运动，将有助于他左右脑的均衡发展，而小肌肉运动，更能促进他智力的发展。

总之，为宝宝提供自由的环境并不意味着家长要完全"放手"不管，而是需要家长关注宝宝的真正需要，在保证宝宝安全和自主性的前提下，引导宝宝勇敢尝试、自主探索。只有这样宝宝的各种能力才能慢慢提高，宝宝才能慢慢"长大"。

思考与应用

家长为宝宝提供可任意组合和拼插的结构类玩具（结构件之间最好是倍数关系）鼓励宝宝自由拼插，当宝宝拼插出一个造型后，可以问问宝宝是什么，并给予肯定和鼓励。

第31课　不要强求宝宝分享

很多妈妈发现宝宝一岁半以后就开始变得"小气"了，自己手里的东西从不分享，自己的玩具也不给别人玩，原本大方的宝宝为什么会变得这样小气呢？

案例

天天快两岁了，妈妈发现她变"小气"了。原来1岁左右的时候，天天特别爱分享，每次吃水果都会分给全家人每人一块，小朋友玩她的玩具也没关系，非常大方。现在的天天无论拿着什么东西都会说："我的！"手里的水果也不分给妈妈吃了，妈妈向她要的时候，她就说"我的，我的"。有时候把水果递给妈妈，妈妈刚想吃的时候却又拿回去了。

一天邻居家的小朋友来家里玩，要拿天天的玩具，天天马上哇哇大哭："我的！不给！"妈妈安慰天天："是你的，给小朋友玩一会儿，好吗？"天天说："不要！"妈妈继续劝："给小朋友玩一会儿，小朋友之间应该分享玩具才对。"天天完全不听妈妈的建议，大声哭，弄得妈妈很无奈。邻居家的小朋友也很不开心地离开了，妈妈开始为天天的"小气"和"自私"感到担心。

分析

这个年龄段的宝宝开始建立自我意识，能够将自己和他人区分开。案例中天天由喜欢分享变为不分享，其实是宝宝进入自我意识敏感期的正常

153

表现。

　　1岁左右的宝宝会很乐意将他的玩具分给别人玩，因为他们还分不清"你的""我的""他的"这些概念。快两岁时宝宝会突然变得不愿意分享了，对自己的东西有强烈的保护欲，这是一种对"自我"的捍卫，这是因为他们"自我意识"萌发，建立起了"物权"概念。宝宝认为自己的所有物是自己的一部分，因此会对自己的所有物有极强的保护欲，其他人想要拿走时，宝宝会极力反对。案例中天天不让小朋友玩自己的玩具就是这个原因。

　　这个阶段尊重宝宝的物权要求，帮助宝宝发展自我意识非常重要，宝宝只有先学会"占有"，保护自己的物品，拥有安全感，将来才能愿意分享，体验到分享的快乐。宝宝的物权意识关系到宝宝自我意识的建立，家长尊重宝宝的物权能够让宝宝感受到自我的边界，明确的边界感能够让宝宝在长大后学会站在别人的角度看待问题，发展出共情能力。因此，自我意识的发展是共情、分享等高级社会情感发展的基础。家长只有正确认识宝宝自我意识发展的特点，通过积极引导宝宝的行为，促进宝宝自我意识的建立，让宝宝健康成长。

建议

　　面对宝宝的不分享，家长要学会正确应对，保护宝宝的物权意识，促进宝宝自我意识的建立。

一▶ 接受并尊重宝宝的"自私"，不要强迫宝宝分享

发展心理学研究表明，儿童在7岁之前并不具备道德自律能力。所以，在7岁以前，家长最好不要把"分享"当成一种道德品质来要求宝宝，尤其是不要给宝宝负面的道德评价。

在生命之初的几年里，宝宝都是以自我为中心。宝宝认为自己就是世界的王，他们会理所当然地以为"我喜欢的，就是我的；我拿到的，就是我的；我看到的，也是我的……"随着认知能力的发展和逐渐的社会化，他们才慢慢有了分享的意识。

1—2岁的宝宝，常常不情愿把玩具给别的小朋友玩，这是正常心理。当其他小朋友想玩他的某个玩具时，父母不应强制他"礼让"给别人。所以，家长应该接受宝宝的"自私"行为，帮宝宝一起维护他的物权意识，让宝宝拥有安全感，更有利于宝宝以后形成乐于分享的品质。

二▶ 尊重宝宝，帮助宝宝维护自己的物权

对于宝宝的个人物品，家长要征得宝宝的同意才能使用，做到尊重宝宝的物权意识，让宝宝在潜移默化中学会尊重他人。当宝宝的玩具被别的小朋友抢时，家长不要因为面子强行把玩具从宝宝手里抢过来去满足别的小朋友。在这种情况下，家长应该做宝宝的保护者，甚至帮助宝宝把被抢走的玩具要回来，让宝宝感受到家长的呵护，保护宝宝的物权意识。同时，家长也要和其他小朋友讲清楚，要想玩别人的玩具应该经过别人的同意，要有礼貌地请求，而不是硬抢。这样，不但保护了自己的宝宝，同时还能让两个宝宝明白游戏规则，建立起规则意识。

➌ 启发宝宝学会交换、借用和轮流玩玩具

当宝宝在外面和小朋友一起玩时，如果有人想玩宝宝的玩具，这时候家长就可以用交换或轮流的方式，让宝宝分享自己的玩具。如，可以跟宝宝说"你看，妹妹的玩具咱们家没有，我们看看妹妹的玩具好不好玩，用自己的玩具和她交换玩，好不好"，通过交换的方式让宝宝尝试分享。家长也可以让宝宝懂得"轮流玩"的规则。当宝宝想玩其他人的玩具时，教宝宝借用玩具："把你的借给我玩一会，好吗？"除此之外，要引导宝宝归还借用的玩具。尊重宝宝的感受，不强求宝宝做到。但是家长要坚持这样做，等宝宝顺利度过这个阶段，就慢慢学会如何分享了。

➍ 对宝宝的分享行为及时表扬

家长要善于观察，当发现宝宝表现出分享行为时及时表扬，让宝宝产生愉悦的分享体验。长此以往有助于宝宝内化分享的意识，养成乐意与同伴分享的习惯。生活中，家长也可以让宝宝经常给家人分水果，当家长拿到水果时，要对宝宝表示感谢，让宝宝感受到分享的乐趣。让宝宝知道通过分享可以获得别人的感谢和喜欢，获得良好的分享体验，让宝宝乐于分享。

思考与应用

家长和宝宝一起玩交换玩具的游戏，让宝宝体会交换玩具玩的乐趣。

第32课 这样玩游戏锻炼宝宝的思维

游戏是宝宝最喜爱的活动，宝宝在游戏中学习和成长，游戏对宝宝思维的发展具有重要的推动作用。思维是智力活动的核心，开发思维就是开发智力。那么如何让宝宝玩游戏才能达到锻炼宝宝思维的目的呢？

案例

西西刚刚一岁半，最近喜欢上了家里大大小小的药盒，乐此不疲的玩"药盒垒高高"的游戏，经常把药盒里面的药扔一地，妈妈只能跟在后面收拾。这一次，西西又发现的新玩法，拿着药盒爬沙发，把一个个药盒放到沙发后面的洞洞里，妈妈赶忙跑过来扶住他，西西不高兴了，小嘴嘟囔着"不要，不要"他挣开妈妈的手继续爬，妈妈生怕西西一不小心会摔下来，就把他抱了下来，结果西西又哭又闹。妈妈没办法，只能打开了动画片，西西的注意力马上转移了，可是看动画片的西西也不闲着，他看到动画片里小朋友玩水开心极了，转身来到洗手间玩起水来，弄得满身是水……

分析 ▶

精力旺盛的宝宝经常会把家里弄得一团糟，让家长哭笑不得，为什么宝宝游戏的时候总是不计后果呢？玩游戏对宝宝的成长有哪些帮助呢？

一　宝宝的行为受直觉行动思维的影响 ▶

爱玩是宝宝的天性，宝宝在玩的过程中学习和成长。1—2岁的宝宝在探索世界，也在熟悉和适应自己的身体，宝宝会在不同的游戏中锻炼身体，提升认知。

1—2岁宝宝的思维是在直接感知和实际行动中进行的，心理学家皮亚杰将人的思维划分为不同的阶段，1—2岁宝宝属于直觉行动思维阶段，这个阶段宝宝思维的特点是在直接感知和实际行动中进行思维活动，思维不能离开自己的动作，他的典型方式是在行动中尝试错误，在试错中认识周围的世界，提升认知，主观上没有预定目的，没有行动计划。因此，这个阶段的宝宝对于危险和后果没有任何的预见性，很容易把家里弄得一团糟，这是宝宝特有的思维方式决定的。

二 游戏促进宝宝的成长 ▶

心理学家皮亚杰把游戏分为三类：练习性游戏、角色游戏、规则游戏。他指出，1—2岁的宝宝喜欢练习性为主的游戏，在游戏中反复练习感知觉和动作，是游戏的最初形式。练习性游戏能够帮助宝宝对新习得的、还来不及巩固的动作进行练习，宝宝能够在游戏中获得快乐。

案例中西西的游戏就属于典型的练习性游戏，宝宝在推拉抽屉的过程中，小手练习了大把抓的动作，在抓握与推拉的过程中宝宝的手部肌肉得到锻炼，在这一活动中宝宝通过抓握、推拉的动作观察到自身活动对外界物体的改变，促进了思维活动的发展。在垒高药盒的游戏中，宝宝进行了小手拿捏药盒，将药盒一个一个垒高等动作，锻炼了宝宝三指捏与手眼协调的能力，这一过程为宝宝将来握笔书写，做了手部肌肉动作与专注力的训练。爬高与推拉抽屉都是宝宝空间思维发展的重要标志，宝宝独立爬上梯子的过程是对宝宝大运动协同发展的锻炼。因此宝宝的游戏能够促进宝宝运动的发展，对宝宝的动作发展有极大的促进作用。

生活中所有的物品都可以是宝宝的游戏材料。宝宝在生活中以游戏的方式观察、探索周围的世界。宝宝游戏创意的来源一部分是日常生活经验，如拉抽屉、垒高、爬梯子，一部分来源于模仿，如案例中宝宝模仿动画片中的玩水行为。由此可见，宝宝的游戏是为他日后的生活学习做准备的，在游戏中宝宝的思维也得到了锻炼。

建议

家长应该如何在游戏中引导宝宝，做一个会陪伴宝宝玩游戏的家长呢？

一 ▶ 尊重宝宝对事物认识和思考的独特方式，正面引导

宝宝作为一个独立的个体，他们渴望自由探索，对这个新鲜而又陌生的世界他们充满了好奇，好奇心促使他们去探索并理解周围的世界。家长应该珍惜宝宝的这种探索行为，保护宝宝的好奇心，在保证宝宝安全的条件下，让宝宝自由地玩游戏。当宝宝对一种事物感兴趣的时候，比如扔东西、重复开关门等，千万别认为他是在捣乱和故意破坏，这是他在用自己独特的方式来表达对事物的认识和思考。

二 ▶ 不放过生活中一切可以给宝宝"观察""动手"的机会

宝宝的游戏时刻都会进行，生活中的各种物品都可以成为他的游戏材料，比如宝宝对开关感兴趣的时候，家长要用宝宝能够理解的语言进行解释，并根据宝宝的兴趣为他提供各种带开关的小玩具，鼓励宝宝观察体验，引导宝宝用科学的方法解决问题，加强宝宝对事物之间关系的理解，提高宝宝的思维能力。

三 ▶ 适当对宝宝的"细心"予以肯定，适时介入游戏

宝宝的观察力很强，一些大人不感兴趣不以为然的事物，宝宝却能够不断地探索，如墙上的小洞洞、树叶上的花纹、衣服上的纽扣、沙发下和床底下的东西等，他都想摸一摸、碰一碰，有的甚至是咬一咬、踩一踩。在保证安全的前提下，家长可以先观察宝宝的需要，让宝宝自由探索，然后对他的发现予以肯定和表扬，同时还要为宝宝提供其他的游戏材料，引导宝宝进行更广泛的探索。家长在宝宝碰到问题时，可以适当进行语言讲解或示范，这样宝宝就能够收获更多。通过游戏不仅能够增强宝宝对身边环境与自然的认识，也能够提高宝宝解决问题的思维能力。

四 ▶ 适合与宝宝一起玩的游戏

亲子游戏是家长和宝宝共同参与的游戏，良好的亲子游戏不但能锻炼宝宝的思维能力，也能够增进亲子关系，家长要经常和宝宝一起玩。

滑梯游戏：家长可以用腿当滑梯，家长坐不同高度的椅子，让宝宝从自己腿上滑下去，让宝宝感知高度与速度之间关系。

楼梯游戏：当上楼时鼓励宝宝手脚并用，下楼时可以拉住宝宝双手让宝宝双脚腾空，在锻炼腿部肌肉的同时提高宝宝对高度的判断力。

身体体操：如带其转圈，用胳膊为他吊单杠都是很好玩的游戏，不仅锻炼宝宝的臂力，而且能够给宝宝带来极大的乐趣，提

升宝宝对速度快慢的理解。

攀爬游戏：帮助宝宝爬上椅子、沙发、床等，这是在帮助宝宝建立空间知觉，同时指导宝宝在攀爬游戏中学会如何避免危险。

思考与应用

1. 选择适合1—2岁宝宝玩的拼图，和宝宝一起玩拼图游戏。

2. 家长可以自创小游戏，带宝宝一起玩。

对宝宝发脾气后的补救措施

1—2岁的宝宝自我意识开始萌芽，但他们的规则意识还没有建立起来，有时候他们的行为会让家长很无奈，有的家长会控制不住对宝宝发脾气，说一些过激的、伤人的话，这对宝宝的成长非常不利。对宝宝发脾气后，家长应该采取什么样的补救方法，将伤害降到最低呢？

案例

硕硕和奇奇正在玩，一个玩汽车，一个玩机器人。玩了一会儿，奇奇看到硕硕的机器人还能唱歌、跳舞，就走过去想和硕硕一起玩机器人，硕硕一看奇奇过来了，赶紧把自己的机器人拿在手里，不想给奇奇玩。硕硕妈妈说："宝宝乖，和奇奇一起玩好不好？" "不，我的！"硕硕大声说。奇奇看硕硕不给他玩，就大声哭了起来。

硕硕妈妈有点着急，大声对硕硕说："一起玩，要不谁都不要玩了。"硕硕还是不给，妈妈生气地说："你太小气了，以后谁还跟你玩啊，拿过来！"说着就把硕硕手里的机器人抢了过来，递给了奇奇。奇奇拿到玩具就不哭了，硕硕却大哭起来，怎么都哄不好。奇奇妈妈看到这里就赶紧把机器人还给硕硕，带着不高兴的奇奇回家了。

送走了奇奇和他妈妈，硕硕妈妈感觉很没面子，就训了硕硕几句。看到硕硕还是一直哭，火冒三丈的妈妈照着硕硕的屁股打了两下，吓得硕硕哭得更厉害了。

======== 分析 ▶

相信很多家长对宝宝发完脾气后都会后悔，会为自己说过的话感到内疚。有时明明知道不应该这样做，但却控制不住自己的情绪。家长经常发脾气对宝宝有哪些影响呢？

生活中每个人都有情绪，这是很正常的，但并不是所有的人都会管理自己的情绪。1—2岁的宝宝正处于自我意识的敏感期，喜欢和家长对着干，会故意挑战限制和规则，很容易生气和发脾气，在和同伴相处的过程中也很容易有矛盾……这些都容易激起家长的不良情绪，让家长向宝宝发脾气。案例中的妈妈因为宝宝不听话就发脾气，最后还打了宝宝，说明妈妈还不能很好的管理自己的情绪。

当家长的负面情绪发泄给宝宝后，会让宝宝因为受到惊吓而变得退缩，也可能会激发宝宝逆反心理，让宝宝对家长的话置之不理，甚至顶嘴反抗，这不利于宝宝的身心健康发展。宝宝正处于模仿的敏感期，家长发脾气的行为会成为宝宝表达情绪的范例，家长不良的表达方式也会被宝宝模仿，当宝宝生气或有情绪需要表达的时候，就会像家长一样爱发脾气。如果宝宝经常模仿家长发脾气，久而久之就会让宝宝变得易怒、敏感，不利于宝宝的人际沟通。

建议

在宝宝成长的过程中，可能每天都会有让家长情绪失控的事情，比如宝宝不好好吃饭，尿床，和同伴争抢玩具等。家长应该接纳宝宝成长过程中的"小插曲"，和宝宝一起成长，如果家长没有控制住对宝宝发脾气了，应该如何补救呢？

一 ▶ 给宝宝拥抱

宝宝的情感表达方式最简单，也最直接，对他来说，表达爱他的最好方式就是拥抱。通过亲一亲、抱一抱，微笑的表情和"我爱你"的语言，他就能够感受到家长对自己的爱，并且给予积极的回应。家长发脾气后，及时调整态度，并给宝宝一个大大的拥抱能够减缓宝宝的焦躁感，减轻他心里的痛苦。让宝宝感受到家长的爱，有助于宝宝与家长建立亲密关系，也会让宝宝更有安全感。家长可以抱着宝宝，拍一拍宝宝的后背，帮助宝宝平静下来，之后再和宝宝说明自己的错误。

二 ▶ 向宝宝道歉

家长发脾气后，需要真诚地向宝宝道歉。不要因为1—2岁的宝宝还不会表达，也不知道什么是道歉，就觉得自己可以不道歉。这个年龄段的宝宝正处于模仿的关键期，家长的言行举止都会潜移默化地影响宝宝的认知和经验。家长发脾气后及时向宝宝道歉且态度诚恳，这不仅能平复宝宝的情绪，还能给宝宝树立勇于承认错误的榜样，而榜样的作用对宝宝的成长是至关重要的。

三 ▶ 与宝宝一起解决问题

家长发脾气并不是解决问题的好方法。家长要想办法让宝宝安静下来，然后一起解决问题。对1—2岁的宝宝来说，他的认知水平有限，家长还不能通过协商来解决问题。这时候家长就要尝试使用转移注意力的方式帮助宝宝缓解情绪，用游戏的方式教给宝宝解决问题的方法。首先要想出避免再次出现同样问题的办法。同时，还要考虑如果问题再次出现，自己怎样应对，怎样管理好自己的情绪，不再对宝宝发脾气，如何与宝宝共同解决问题。

像案例中的宝宝不分享玩具的问题，家长可以先安抚小客人，之后再帮助两个宝宝安排一起玩的游戏，让宝宝都能和机器人一起玩，这样既能尊重宝宝的物权意识，又不会影响宝宝玩耍。当然家长也可以用其他的玩具吸引宝宝的注意力，让两个宝宝一起玩其他的玩具。针对这类问题，事后家长可以与宝宝在家里玩多人游戏，慢慢地让宝宝更喜欢和其他小朋友一起玩。

四 ▶ 理解宝宝和宝宝一起成长

1—2岁的宝宝自我意识刚刚萌芽，不允许别人来侵犯和分享。比如，妈妈是他的，不允许别人和妈妈亲近；玩具是他的，不允许别人拿走；好吃的是他的，别人一吃就哭等，这些都是宝宝年龄特点所致。此时，家长不用刻意地去要求宝宝分享妈妈的爱，分享玩具，分享食物等。当家长了解宝宝的这些行为是其独特的年龄特点后，就不再认为宝宝是在无理取闹了，就会减少对宝宝发脾气的次数。更多的是关注自己的行为，调整自己的方式，从而更符合宝宝的需要，避免发生冲突。

思考与应用

当你情绪不好的时候，哪些方法能帮你把坏情绪赶走呢？

第34课 帮宝宝建立多重依恋关系

亲子依恋不仅是宝宝与妈妈之间的依恋关系，也包括与爸爸、奶奶、爷爷等亲人之间的依恋建立。家长有必要在这个时期帮助宝宝建立多重的依恋关系，有效应对宝宝和妈妈的分离焦虑，帮助宝宝建立安全型依恋关系。

案例

小宝1岁后，妈妈准备上班，就让奶奶来照顾小宝，烦恼的事情也就接踵而来。由于小宝之前一直是妈妈照顾，奶奶一直在老家很少接触宝宝，导致小宝不愿与奶奶亲近。奶奶来了之后，小宝就成了妈妈的"小膏药"，妈妈走到哪他跟到哪，只要妈妈不在身边，小宝就紧张、焦虑、又哭又闹不肯吃饭，再有趣的玩具都无法安慰他。妈妈回来后他却又大发脾气，推开妈妈。每天早晨妈妈出门前，小宝和妈妈就像生离死别一样，到了单位妈妈心里还牵挂着小宝，妈妈被小宝弄得痛苦不堪。同事们劝她说："宝宝刚开始都会有这么一个阶段，我家宝宝小的时候也是这样，等时间长了就好了"。小宝妈妈内心也开始打鼓：小宝这么依赖自己，是不是有问题？还是老人不会带小宝？该怎么办呢？

分析 ▶

亲子依恋是宝宝在两岁之前与妈妈或主要抚养人之间建立的一种特殊的情感联结纽带，这条纽带并不仅限于妈妈和宝宝之间存在。因为宝宝的依恋对象是生活中宝宝经常接触，经常满足他需要的那个人，并不特指某个人。所以，家中的其他人如爸爸、爷爷、奶奶，如果都能准确的理解宝宝发出的信号，并做出恰当的反应，宝宝就会与这些人都建立起依恋关系。因此，所有的家庭成员都应该积极地参与到照顾宝宝的过程中，帮助宝宝形成多重依恋关系，这样当妈妈不在身边时，宝宝也能够和其他家人友好相处，减轻宝宝的分离焦虑。像案例中的宝宝一直是由妈妈照顾，与奶奶接触很少，因此奶奶对于宝宝来说比较陌生，当妈妈离开时宝宝会表现的焦虑不安。

建议

如何应对妈妈上班给宝宝带来的分离焦虑，让宝宝更快乐，妈妈更放心呢？家长需要在生活中做到以下几点。

一　家长学会放手，正确应对分离焦虑

在宝宝的成长过程中家长切记不要大包大揽，全家人要一起参与照顾宝宝，在条件允许的情况下，应该让爷爷、奶奶、外公、外婆等亲人都参与进来，让宝宝从小享受和谐大家庭的氛围，让宝宝知道所有的亲人都喜欢自己，同时也可以很好地照顾、保护自己，从而也会相对弱化对妈妈的过度关注，这样宝宝就不会因为妈妈的离开而过于焦虑。

认知发展理论指出，对宝宝来说，最痛苦的就是宝宝不知道养育者去了哪里，什么时候回来。因此分离时，家长需要给宝宝一个解释，让宝宝知道家长现在离开，会很快回来，这样就能够降低宝宝的分离焦虑。家长也可以给宝宝留一个他比较熟悉的物品，这样也能够降低宝宝的分离焦虑。

二 ▶ 多接触外面的世界，培养宝宝广泛的兴趣

1—2岁的宝宝好奇心很强，注意力也很容易转移，家长可以带宝宝多接触外面的世界，培养宝宝广泛的兴趣，降低宝宝对妈妈的离开的焦虑。开始家长可以逐渐让宝宝与其他人接触，带他走出家门去接触大自然以及周围的人与物，激发宝宝的好奇心，引导他对周围的事物和人感兴趣。在自然环境中可以让宝宝学到、看到更多的东西，这样对宝宝的感知觉也是一个很好的刺激。在逐渐熟悉环境之后，宝宝会主动要求到外面去玩耍，见到陌生人也不会再害怕了，也愿意与其他小朋友一起游戏，逐渐克服对妈妈的过分依恋。同时在与其他人或小朋友接触的过程中，宝宝也会学到一些与人相处的本领。

三 ▶ 发挥家人的作用，建立多重依恋关系

宝宝平时跟妈妈在一起的时间比较多，受一些观念的影响爸爸忙于工作或应酬，陪伴宝宝的机会比较少，但爸爸的陪伴对宝宝的成长非常重要。爸爸经常和宝宝互动，不但能够促进宝宝性别角色的正常发展，对宝宝的智力发展、性格养成都有很好的促进作用。

在妈妈要上班之前，应该让照顾宝宝的家人提前和宝宝熟悉，并建立积极的关系，让宝宝适应家人的照顾，也让家人了解宝宝，促进两人之间的适应。这样对之后的分离能够起到缓解的作用，让宝宝在和妈妈分离后仍然能够找到可以依靠的家人，帮助宝宝建立多重依恋关系。

四 ▶ 减少控制与干预，让宝宝学会独立

宝宝独立活动的时候，有些家长总是担惊受怕，千叮咛万嘱咐；对宝宝的探索行为，家长总是表现出保护过度，家长的这种焦虑情绪，是对宝宝的禁锢与控制。家长要给宝宝自由探索的机会，让宝宝自己去发现问题解决问题，只要没有安全隐患，家长就不要横加干涉。家长要相信宝宝，让宝宝在玩的过程中慢慢体验独立，感受自己的成长。独立性越强的宝宝，越不会因过度依恋某一个人而焦虑了。

五 ▶ 尊重宝宝对某一物品的依恋，增强宝宝的安全感

这个年龄段的宝宝会对某个玩具或某件东西产生特别的兴趣，吃饭时拿着它，玩时放在身边，睡觉醒来就找，找不到就哭闹。这一现象在心理学上叫作过渡性客体。这个过渡性客体是宝宝自己发现和拥有的，成人不能去硬塞或者替换，它有令宝宝感到舒适与安慰的作用，能帮助宝宝缓解焦虑与寂寞，家长要理解、接纳宝宝对过渡性客体的依恋，不要随意处置它。这种现象随着宝宝年龄的增大，对自身各方面控制能力的增强，就会自然消失。

思考与应用

　　爸爸和宝宝的互动游戏：宝宝手掌心朝上，放在爸爸的左手上。一边唱童谣，一边配合着节奏做动作。炒萝卜 炒萝卜（在宝宝手掌上做炒菜状）切——切——切（在宝宝胳臂上做刀切状）；包饺子，包饺子（将宝宝的手指往掌内弯）；捏——捏——捏（轻捏宝宝的胳臂）。

第35课 电子产品代替不了家长的陪伴

科技飞速发展的今天，越来越多的电子产品出现在我们的生活中，为我们的生活带来便利的同时，也引发了很多问题。快节奏的生活，让家长因为工作、生活压力等原因没办法长时间陪伴在宝宝身边，为了弥补陪伴的缺失，很多家长选择了让电子产品来陪伴自己的宝宝，可是电子产品能代替家长的陪伴吗？

案例

乐乐1岁多的时候就放在老家由爷爷奶奶抚养，爷爷奶奶年纪比较大，对乐乐的教育也跟不上，于是妈妈买了平板电脑，下载了很多的儿歌、故事、古诗等益智视频。爷爷奶奶有时间的时候就会放给乐乐看，1岁多的乐乐看到有声有色的动画片，就会安静专注地盯着屏幕，眼睛一眨不眨，随着时间的推移，乐乐哭闹的时间越来越少，看动画片的时间越来越长。爷爷奶奶逢人就夸："我家的孙子很乖，从来都不黏人，特别安静，还会自己看动画片。"

过了一段时间，妈妈发现乐乐的状态不对。原来妈妈难得回老家一次，可是回家后乐乐与妈妈一点也不亲，对妈妈爱答不理，只顾自己玩，有时候还无缘无故闹情绪，大喊大叫。另外，乐乐都1岁多了，说话还是单字蹦，让妈妈非常着急。可是奶奶总说，贵人语迟，等再长大一些就好了。过了不久奶奶又打来电话，说乐乐出现频繁眨眼睛的情况，这可急坏了乐乐妈妈，到底是什么地方出问题了呢？

分析 ▶

1—2岁是宝宝与家长建立安全型依恋的关键期。虽然宝宝能走能跑，能够独立做一些事情，但是家长依然是宝宝的主要依恋和交往对象。如果家长用电子产品来代替家长的陪伴将会影响宝宝的健康成长。

一 阻碍了宝宝与家长的情感链接 ▶

两岁前是亲子依恋关系建立的重要时期，依恋关系的建立对宝宝信任感、安全感、语言、智力、感官等身心各方面的发展都很重要。家长陪伴在宝宝身边的时候，会与宝宝有语言、肢体、情感的互动、交流，在互动交流中建立良好的依恋关系。电子产品陪伴的宝宝，因为缺少家长的关爱，没有得到依恋的满足，就容易产生不安全感，变得淡漠疏离，从而产生情绪不稳定、不愿意说话、敏感等行为表现。案例中乐乐见到妈妈的表现正是因为宝宝和家长缺少互动造成的。

二 影响了宝宝语言的正常发展 ▶

案例中乐乐不喜欢说话，说话比较晚，这不是"贵人语迟"。1岁多的宝宝处于语言发展的敏感期，宝宝在家长陪伴下，可以通过触觉、味觉、视觉和听觉等多个方面去感受，与家长有交流的过程，这是一种双向模式的沟通交流。而玩手机、看电视是一种单向沟通，长期使用电子产品，会很容易形成单向的思维模式。案例中的乐乐长期与电子产品相伴，因为没有交流对象，甚至对电子产品自说自话半天也得不到回应，就会导致宝宝失去说与表达的欲望。长时间如此，宝宝的语言发展、情感体验会受到很大的局限。

三 不利于宝宝的身体发育 ▶

宝宝因为年龄原因，身体各个器官发育还不完善，电子产品的屏幕颜色过亮、画面晃动过速，会给宝宝的眼睛造成负担，容易引起眼部的不适。另外因为宝宝长时间静坐，爬、走、跳等动作得不到锻炼，宝宝的身体素质也会变得很差。1岁多的宝宝正是精力旺盛的时候，处在动作发展的关键期，如果过多地使用电子产品，会使宝宝的动作发展受到影响。

四 限制宝宝思维的发展 ▶

过早专注于电子产品，宝宝会懒得去思考问题，限制了思维的发展，会给以后的学习造成障碍。宝宝只有在现实生活中不断探索、不断积累生活经验，才能促进思维的健康发展。

电子产品不是宝宝的"保姆"，家长更不应以"早教"为名，让宝宝整日与手机、电脑为伴，成长中的宝宝需要情感交流与温情陪伴。

建议

为了不缺席宝宝的成长，给宝宝营造一个良好的陪伴氛围，摆脱对电子产品的依赖，家长可以尝试以下方法。

一 ▶ 高质量的陪伴

家长尽量把宝宝放在身边抚养，不要错过与宝宝建立安全依恋的关键期。家长对宝宝的陪伴不一定是时时刻刻的，只要保证每天有1—2个小时的有效陪伴就能够帮宝宝建立稳定的安全感。

高质量的陪伴需要家长在陪伴宝宝时，要有爱和情感的投入，并且能够陪宝宝一起做有意义的事。

二 ▶ 和宝宝玩亲子游戏

家长可以每天与宝宝进行互动小游戏，如享受美好的舞蹈时光和宝宝一起过家家、捉迷藏等。宝宝的大脑对声音特别敏感，容易被声音吸引，因此家长要多带着宝宝伴随音乐舞动身体，拍手、唱歌……既能加强宝宝对旋律的感知，又能体验快乐。

三 ▶ 和宝宝一起阅读

各种认识动物、蔬菜、颜色的图书，以及故事情节简单，故事内容与宝宝的生活经验相关的图书都可以和宝宝一起阅读。在亲子共读的过程中，提升宝宝的认知只是一方面，最重要的是这个亲密的过程，互相依偎，声音温柔。这一切给宝宝带来的幸福感是帮宝宝形成健全人格的源泉。

四 ▶ 带宝宝去户外运动

很多家长认为宝宝年龄太小抵抗力弱，不适合外出，就让宝宝在家里，玩游戏、看电视，甚至在家里为宝宝建造一个小型游乐场，让宝宝在家里玩，远离同龄玩伴，远离大自然，认为这是对宝宝的一种保护。其实恰恰相反，好动、好奇是宝宝的天性，对大自然的探索是宝宝成长的过程，家长应该带宝宝走进大自然，让宝宝在大自然中自由探索。

另外，家长也要带宝宝多和同龄小朋友一起玩耍，让宝宝在和同伴游戏中相互模仿学习，积累同伴交往的经验。

思考与应用

　　家长带宝宝玩吹泡泡游戏，家长慢慢吹，让宝宝尝试抓住泡泡，锻炼宝宝的身体协调能力。

第36课 感受亲子阅读的快乐

就像给小苗浇水，并不能马上看到长叶开花，但是它的根却在静静地吸收营养。同样，家长同1岁的宝宝一起读书，也是在帮宝宝积蓄成长的能量。因此，尽早开始对宝宝进行阅读兴趣的培养是有必要的。

案例

小雪是一位90后宝妈，宝宝已经一岁两个月了，活泼可爱，虎头虎脑。小雪为宝宝精挑细选了经典的儿童读物《安徒生童话》《格林童话》等。每天小雪都耐心地陪宝宝进行亲子阅读，尽管她的故事讲得绘声绘色，声情并茂，但是怎么也得不到小家伙的"青睐"，还没讲几句，宝宝的注意力就不在书本上了，时间一长，还"咿咿呀呀"地不耐烦了，甚至还撕书。小雪觉得很是苦恼，为什么自己付出了这么多耐心和时间，都得不到宝宝的认可呢？是不是宝宝不喜欢看书？

分析 ▶

案例中小雪的困惑很多家长也遇到过，为什么宝宝对亲子阅读缺乏兴趣呢？

一 让宝宝在阅读中感受快乐 ▶

相关研究表明，科学的亲子阅读是最适合在家庭中开展的早期阅读方式，也是培养宝宝阅读兴趣、阅读能力最有效的途径。吉姆·崔利斯在《朗读手册》中写道："你或许拥有无限的财富，一箱箱珠宝与一柜柜黄金。但你永远不会比我富有，我有一位读书给我听的妈妈。"由此可见，亲子阅读比任何珠宝财富都要宝贵，但很多家长对亲子阅读存在错误的认识，有的家长觉得孩子这么小，什么都不懂，现在开始阅读太早了；有的家长知道阅读的重要性，就随手拿本书开始读，觉得只要是读书宝宝就喜欢，也不管是否适合宝宝的年龄。

然而对于1—2岁的宝宝来说，最重要的就是让他们在亲子阅读中获得快乐的感受，只有当他们获得了快乐的感受，才会对阅读产生更大的兴趣。案例中小雪意识到了亲子阅读的重要性，但是在亲子阅读的过程中缺乏科学的亲子阅读方法，导致宝宝对亲子阅读没有兴趣。

二 用适合宝宝的书培养阅读兴趣 ▶

1—2岁的宝宝理解能力是有限的，还无法理解过于复杂的语言，只能理解简单的故事情节。案例中的宝妈小雪给宝宝选的书籍是《安徒生童话》《格林童话》，书中的文字内容多，故事性强，情节跌宕起伏，人物众多，对于2岁以内的宝宝来说，它超出了宝宝的接受能力，所以宝宝毫无兴趣，即使妈妈讲得再出色、再好听，对他也没有任何吸引力。另外，这个年龄阶段宝宝以无意注意为主，注意力集中的时间很短，而家长所选故事的篇幅比较长，讲一个故事的时间会超出宝宝注意力的时间，所以，宝宝之所以对阅读失去兴趣是家长没有选择适合宝宝的图书。

建议

一 ▶ 根据宝宝的特点选择适合的图书

（一）选择内容适合的图书

给1—2岁的宝宝选择图书，要选构图简单、颜色清晰明快、轮廓简洁、甚至可以没有文字的图书。在语言上要选择简洁优美、朗朗上口、句式重复节奏感强的图书。内容上是宝宝感兴趣的如认识动物、认识颜色的图书。情节上是贴近宝宝生活的图书。如关于日常生活的：吃饭、睡觉、如厕、做客、交友等；关于游戏的：捉迷藏、逛公园、郊游等。

（二）选择合适的种类

1—2岁的宝宝喜欢使用多种感官进行阅读，因此，家长要根据宝宝的特点，为宝宝选择适合的图书种类。

适合这个阶段宝宝的书籍，按照材质可以分为纸板书、布书、洞洞书和触摸书。

纸板书和布书，是用厚纸板和厚布做成的书。这类书不容易被小宝宝撕烂咬破，而且，对于小肌肉发展不完善的小宝宝来说，这类书更容易翻页。因此，最初一定先要为宝宝提供这类图书。

洞洞书和触摸书，都是带有玩具性质的图书，它能满足宝宝用小手抠洞洞，拍打、触摸的兴趣，对宝宝有很强的吸引力，能让宝宝在玩中体验"阅读"的快乐。

还有一种书是有声书，通常书中会有相应的按钮，按下按钮就会发出与书中内容相应的声音。在宝宝牙牙学语时，他的听觉起到了至关重要的作用，有声读物就是不断用声音来刺激宝宝的听觉神经，进而促进语言神经的发展。因此，这种书也值得为宝宝提供。

二 ▶ 通过多种形式让宝宝喜欢阅读

1—2岁的宝宝正处于从环境中吸收信息，并快速学习的阶段。他们可以对书中经验和外部世界进行关联，所以家长要用陪宝宝一起"玩"书的方式进行阅读。

比如当宝宝刚开始看一本书时，可能只对其中的一张图画感兴趣，对他来说，看书就像玩"捉迷藏"游戏一样，一会合起来，一会再翻开找到他感兴趣的图片。这时候家长就可以和孩子玩"找一找"的游戏，让宝宝找出自己喜欢的图片。面对一些朗朗上口的童谣或诗歌，家长就可以和宝宝一起"唱一唱"，用唱的形式进行阅读。

对于一些比较有趣的故事，家长还可以和宝宝一起来"演一演"。家长可以先给宝宝读一读绘本中的故事，用夸张的表情、好玩的动作、有趣的声音，吸引宝宝的注意，让宝宝更喜欢听。当宝宝熟悉之后家长就可以和宝宝分角色表演，像读《猜猜我有多爱你》这本书时，家长不妨和宝宝一起表演小兔子和大兔子，用各种方式来告诉对方"我爱你"。这样的互动，不仅会让宝宝对阅读产生兴趣，还会让亲子关系变得更加紧密。

　　家长也可以给宝宝建一个小小的图书角，摆上宝宝喜欢的小书架，放上比较软的垫子，给宝宝营造舒适的读书氛围。家长可以把宝宝喜欢的图书摆放到小书架上，让宝宝可以直接看到书上的图画，自己选择喜欢的图书进行阅读。

思考与应用

　　请选择一个绘本，用"演一演"的方式和宝宝共读。

第37课

亲子郊游好处多

1—2岁的宝宝逐渐学会了独立行走，他们通过触觉、听觉、视觉、嗅觉、味觉、肢体动作等各种感官的发展来认识世界。而大自然恰恰能够满足宝宝的发展需求，特别是风景秀美的地方，让宝宝能感受到花开花谢、蜂鸣鸟叫、日出晨露、月夜星空。

案例

豆豆跟随奶奶一起到小区散步，豆豆有时抬头看着蝴蝶从头顶飞过，有时蹲下身捡拾地上的石子。没一会儿，豆豆发现了前夜下雨的积水。他加快步伐，走到水坑前，伸出一只脚在水中踩了踩，发出"啪啪"声，溅出些许水花。豆豆越踩越开心，跳到水坑中间，边跑边跳。奶奶也在一旁开心地看着豆豆玩。

还有一次，是妈妈带豆豆出去玩，忽然豆豆发现了地上的小蚂蚁，于是开始看蚂蚁，妈妈告诉他："这是小蚂蚁"。当时豆豆手里正拿着一块点心，妈妈说："你给小蚂蚁吃点心吧"，豆豆赶紧咬下一小块放到小蚂蚁身上，看到小蚂蚁爬走了，豆豆又捡起点心放到蚂蚁身上，像要看到蚂蚁吃了才放心的样子。

分析 ▶

宝宝一旦接触过大自然，即刻就会被大自然的无穷魅力所吸引。

一　大自然能促进宝宝感知觉的发展 ▶

0—3岁是宝宝感知世界，对世界产生最初印象的关键时刻。他们在看一看、听一听、摸一摸、尝一尝等过程中，来感知事物的特征。绚丽生动的大自然可以满足宝宝的好奇心，可以给予宝宝丰富的感官刺激，发展他们的感知觉。五光十色的动植物可以给宝宝最天然的视觉刺激，自然界中清新的草香、芬芳的花香能刺激宝宝的嗅觉，虫鸣鸟叫和溪水潺潺能刺激宝宝的听觉，玩沙、玩水和采摘给了宝宝触觉的刺激，大自然广阔的空间更能给宝宝提供无限的运动空间，这些都有利于宝宝感知觉的发展。

二　大自然为宝宝提供探索的机会，促进大脑发育 ▶

变化多端、物质丰富的大自然给宝宝提供了无限的探索机会，就像案例中，家长把豆豆带到大自然中，允许他进行自由探索，让他了解了水的特点，认识了蚂蚁。而且让豆豆在踩水中感受到了快乐，在喂蚂蚁中实践了分享。这些观察、感受和体验都会对宝宝的大脑有所刺激，这些刺激，可以使宝宝脑部的神经迅速链接形成网络，刺激越多，智力开发也会越充分。

三　大自然能释放宝宝的天性 ▶

处在大自然的环境中，宝宝的身心会非常地放松，很容易感到开心和兴奋，一个人如果经常处于愉快的情绪状态，是非常有利于形成活泼开朗的性格的。

缺少与大自然的接触，会对宝宝的身心都产生不利的影响。有研究指出那些性格孤僻，容易抑郁或愤怒，做事注意力不集中，还有肥胖或感统失调的儿童，都与接触大自然少有关。因此，家长要带宝宝多接触大自然，释放宝宝的天性，促进宝宝身心健康发展。

建议

> 大自然能够促进宝宝的健康成长，家长应该给宝宝恰当的引导，帮助宝宝安全、快乐地探索大自然。

一 ▶ 提供机会和保障

家长可以在不同的季节带宝宝接触大自然，让他感受四季的变化。过程中家长要尊重宝宝的兴致和选择，不能强迫宝宝总是按照家长的意愿行事。同时还要提供必要的安全及物质保障，如带上水壶，及时给宝宝补充水分；供宝宝累了能够休息的婴儿车；还有替换的衣物、干洗手液、蚊虫咬伤药膏等。除此以外，挖土用的小铲子，提水的小水桶，收纳用的盒子等辅助工具有助于宝宝玩得开心、尽兴。当然，时间不宜过长，因宝宝的体力和耐力有限，要避免肌腱发炎、关节使用过度等情形。

二 ▶ 放手让宝宝探索

宝宝探索玩乐的过程里，很多家长会因各种顾虑而阻止宝宝的行为。比如宝宝跳进小水坑的时候，家长会告诉宝宝太脏了，快出来。此时，家长忘了玩耍是宝宝认知世界的一种方式。正确的做法应该是在确保人身安全的情况下，让宝宝充分体验，充分释放，充足满足宝宝的发展需要。

　　家长要对自然环境的危险性有所预知，既不能对宝宝束手束脚，也不能完全地放任自流，宝宝的一切探索活动必须在保证安全下进行。当然，家长对危险的评估不能夸大，不要让担忧、焦虑等情绪影响到孩子。比如说：看到宝宝靠近昆虫、动物时，家长就反应激烈、大呼小叫，甚至迅速地把宝宝拉开抱在怀里。时间一长，宝宝会对自然界中的动物、昆虫产生惧怕，从而造成抵触与排斥。家长在遇到这种情况时可以这样来做：要稳住情绪，冷静处理。

三 ▶ 在大自然中与宝宝一起游戏

　　其实，大自然就是一个天然的儿童乐园，宝宝可以捡树叶、闻花香、顺着鸟鸣找小鸟、玩沙水、爬山……在自然界中还可以搜集各种材料，比如落叶、果实、石子等，把搜集来的材料带回家中，粘粘贴贴、涂涂画画进行创作活动，这有利于宝宝更充分的认识这些事物。

　　还有采摘活动也非常值得带宝宝参加。不同的季节，有不同的水果和蔬菜，这是大自然的馈赠，宝宝可以通过采摘感受自然的博大，感受到生命的伟大。

　　北方的宝宝最不能错过的是下雪的日子，家长和宝宝一起堆雪人、打雪仗，再大一点还可以溜冰，这样的童年记忆会让宝宝终身受益的。

　　其实，宝宝的童年很短暂，家长一定不要让宝宝错过他们感受大自然的好时机。

思考与应用

　　请家长选择绿意盎然的山林步道、绿地公园、森林游乐区，与宝宝一起感受大自然，请记录宝宝在探索自然环境中对什么感兴趣。

第38课
有些玩笑话不能说

　　生活中有些成年人喜欢说一些他自认为是幽默的话来逗宝宝，由于宝宝还不能完全明白其中的含义，只会根据自己的经验来理解并做出应急反应，宝宝的这些反应让成人觉得"好玩"，于是更增加了他下次这样逗宝宝的兴趣。这样的行为会对宝宝产生什么样的影响呢？

案例

　　豆豆去姥爷家，每次姥爷都会装作一脸生气的样子说："小坏蛋，你怎么又来了？"豆豆听后不高兴地嘟囔道："姥爷讨厌，不要不要！"

　　豆豆在姥爷家睡午觉的时候，喜欢在床上跳来跳去。这时，姥爷就会装出生气的样子对豆豆说："豆豆再不睡觉，警察就来抓你了！"豆豆吓得赶紧钻进小被窝乖乖躺好一动也不动。

　　有时候豆豆对茶几上的茶杯、茶壶感兴趣想去摸一摸、动一动，这时姥爷就会拖长音发出制止的声音，并用非常严肃的表情瞪着豆豆，豆豆被吓哭了。看到豆豆哭的样子，这时姥爷却开心地大笑："我是逗你玩的。"

分析 ▶

一 "假装生气"的玩笑会给宝宝带来不安全感 ▶

　　1—2岁是宝宝建立安全感的重要时期。宝宝需要确认自己是安全的，被人爱的，他们才能安心地去探索世界，发展自己的行为能力。1—2岁的宝宝能够根据家长说话的语气和面部表情来判断家长的情绪。但是受已有经验的限制，宝宝还不能分辨出家长的假装生气。因此家长开玩笑的话宝宝会当真，错误地认为家长真生气，或认为自己不被喜欢，从而使宝宝产生不安全感，也会导致宝宝对家长缺乏信任。

二　"反话"玩笑会伤害宝宝的自尊心 ▶

1—2岁宝宝的思维方式具有具体形象性的特点，他们只能根据事物的表面现象来做出简单的理解与判断。看似充满爱意的昵称，如"小笨蛋""小调皮""小坏蛋"，宝宝却较真的认为自己真的很笨、很调皮，经常被这样评价的话，宝宝的自尊心会受到伤害，甚至会影响宝宝的性格。

三　"负面"玩笑会给宝宝形成消极暗示 ▶

意大利教育家蒙台梭利认为，孩子在0—3岁会无意识地吸收环境中的一切，他们可以毫不费力地从周围的环境里吸收大量的信息。蒙台梭利把儿童的这一特点叫作"吸收性心智"。如果此时家长一些负面的语言被宝宝听到，如"这孩子就不爱吃青菜""这孩子就是胆小""这孩子就是好打人"等，时间一长，家长的这些负面的语言就会给宝宝形成消极暗示，使得宝宝变得越来越不爱吃青菜；越来越胆小；越来越好打人了。

四　"恐吓"玩笑会影响宝宝的是非观 ▶

宝宝成长过程当中除了要建立价值观之外，也要建立属于自己的是非观。宝宝由于年龄小，不具备成熟的辨别能力，往往对大人的话信以为真。家长如果利用老师、警察、医生等形象来吓唬宝宝的话，很容易歪曲这些职业在宝宝心目中的真正形象，从而对这些人的身份产生误解，甚至产生抵触心理，导致孩子对他们不信任，影响宝宝建立正确的是非观。

总之，有些玩笑话不能说。同时，家长还应该加强学习，提高自己的表达能力，做个会表达、善交流的家长。

建议

亲子间的沟通是情感交流的基础，是亲子关系最好的纽带。家长适宜的情感表达与交流即有利于建立良好的亲子关系，也有利于宝宝形成活泼开朗的性格。

一 ▶ 鼓励赞扬的语言，有利于宝宝自信心的树立

对成人来说看似很不起眼的小小进步，对1—2岁的宝宝来说，却要付出很大努力，比如会走、跳、上下楼梯、自己洗手，等等。家长都要看在眼里，喜在心上，并及时表达出来，赞扬宝宝。家长的鼓励能让宝宝感受到成就感，从而更有充足的自信去面对困难和挑战。要想做到这一点，家长还要有一双善于发现宝宝进步的眼睛，比如宝宝搭积木时，当他能够把几块积木垒搭在一起时，那一定是经过多次失败后反复练习才成功的，这个过程中即需要手眼很好地配合，大脑对手部肌肉的控制，又需要很强的专注力。因此，类似于这样的变化，家长都要善于发现宝宝的努力，并给予鼓励和赞扬。

二 ▶ 积极正面的语言，有利于宝宝正能量的积累

语言的暗示力量是巨大的，家长期望宝宝成为什么样的人，就应朝着期望的方向进行表达，家长如果希望宝宝成为一个有礼貌的人，就要说"我家宝宝真有礼貌，见到人就打招呼"；如果希望宝宝提高自理能力就说"我家宝宝能自己吃饭了，真棒"。家长反复用正面积极的语言与宝宝交流，宝宝就会越来越朝着家长期望的方向发展。千万不要总关注宝宝还做不好的方面，总说些消极的语言如"怎么还不会自己吃饭啊""怎么总是摔倒啊"，这样的话会打击宝宝的自信心。因此，即使对1—2岁的宝宝，家长也应该通过鼓励赞扬的话传递正能量，少说负能量的话。

三 ▶ 温柔甜蜜的肢体语言，有利于宝宝安全感的建立

拥抱和亲吻是表达爱最好的方式。例如，家长每天出门前给宝宝一个大大的拥抱，能让他获得安全感，开开心心地开始新的一天。当宝宝哭闹时，给宝宝一个理解的拥抱；当宝宝第一次尝试自己吃饭时，给宝宝一个鼓励的拥抱；当宝宝摔倒后自己爬起来时，给宝宝一个安慰的拥抱；当宝宝把积木搭的高高的时候，给宝宝一个赞扬的拥抱。看似简单的举动，会给宝宝的内心带来充足的爱和力量。

四 ▶ 具有仪式感的语言，帮助宝宝学会正确表达爱

在日常的生活中每个关键的时刻或特殊的日子，家长用充满仪式感的语言与宝宝交流，如早晨出门前对宝宝说"妈

妈上班去了，下午见，妈妈爱你"；下午下班回来说"我回来了，让我亲亲宝宝"；晚上睡觉前和宝宝说"宝宝晚安，妈妈爱你"。小小的举动，如果天天坚持，这充满爱的表达一定会给宝宝带来满满的幸福感，也会让宝宝成为一个会表达爱的人。

再如，宝宝的生日、儿童节、新年等，家长给宝宝准备一份礼物并举办一个小小的仪式，全家一起庆祝。将仪式感融入生活中的细节中，以此来记录宝宝每个成长的瞬间，让宝宝的童年充满美好的回忆。

五 坚定的语言，引导宝宝形成正确的是非观念

1—2岁的宝宝逐渐开始学习辨别是非，这些能力在日常生活的真实事件中学习，会更容易也更有效。比如：热水杯不能碰；玻璃瓶不能往地上扔；和小朋友玩时不能打人；商场的东西没交钱不能吃等等。在对宝宝进行这些是非观念的培养时，家长要采取温柔而坚定的态度和语言，即不放任迁就，也不恐吓威胁，更不能打骂。任何时候，处理棘手的事情时，家长首先要弄清楚的一点是，我们要解决的是所发生的这件事情，而不是要对宝宝怎么样。只有当把人和事情分开，就可以针对问题来跟宝宝好好沟通了。暴力与威胁看似在解决问题，但同时会给宝宝带来伤害，让宝宝产生恐惧害怕的心理阴影，造成胆小、退缩的性格。

思考与应用

　　在日常生活中当宝宝做了不该做的事情时，请家长尝试用不同的方式与宝宝沟通与交流的，并总结经验哪种方式即让宝宝停止不当行为，又能知道正确的做法。

第39课
做情绪稳定的好妈妈

妈妈是宝宝最依赖和亲近的人，一个足够好的妈妈是宝宝健康成长必要条件，情绪稳定的妈妈会对宝宝有哪些积极意义呢？

案例

张女士是两个宝宝的妈妈，大宝4岁，二宝不到2岁。在带宝宝的过程中，张女士经常是精神紧张，情绪焦灼。她经常会大吼大叫，乱发脾气，宝宝们很害怕和恐惧。宝宝有时候会很胆小不敢说话，有时候却又很执拗，又哭又闹。

有一次两个宝宝又打架，像是死敌，这让妈妈特别崩溃，对着两个宝宝大发脾气，宝宝们吓得哇哇大哭。妈妈感觉自己的情绪快要控制不住了，这时妈妈没有像以前一样继续吼叫，而是换了另一种方式处理，赶紧起身去了卧室独自平复情绪。过了一会儿，情绪缓和的妈妈走出来对一脸疑惑的宝宝们说："妈妈以前对你们发脾气是不对的，妈妈爱你们，也希望你们相亲相爱，看到你们那样打架妈妈很伤心，所以才发的脾气。"妈妈又说："以前妈妈发脾气的时候，你们是什么感受啊？"大宝说："我很害怕，我不想让妈妈发脾气。"妈妈说："那我们以后遇到事情试着用嘴巴说，商量着来好吗？"宝宝们连连点头表示赞同。

分析 ▶

妈妈们为什么会经常情绪失控呢？妈妈的情绪会对宝宝造成哪些影

响？生活中应该如何照顾好妈妈的情绪呢？

一　妈妈的消极情绪，会给宝宝的性格造成不良影响 ▶

现实生活中的各种因素，给张女士带来的不仅是体力上的劳累，还有精神上的压力。在双重压力下，让这位妈妈感到无助，很容易出现急躁易怒等情绪，这些消极的情绪一直没能得到及时疏导，日积月累就会经常情绪失控。在这种状态下，这位妈妈就会忽视宝宝的需要，甚至没有办法为宝宝提供持续的稳定环境，宝宝就会害怕妈妈。导致宝宝出现不安全感、恐惧感、被抛弃感、被讨厌感，这些都会给宝宝的性格造成不良影响。一种可能是表现得更逆反、更调皮；另一种可能是变得越来越被动，越来越顺从，忽视自我。不良的性格特点会蔓延到宝宝的日后生活和工作中，影响其一生的幸福。

二　爸爸不能尽职尽责，让妈妈感到孤立无援 ▶

有些家庭还是传统意义上的男人只负责挣钱养家，家事什么也不管，照顾和教育孩子全是妈妈的事，更甚者会把工作中的不顺归咎发泄在妻儿的身上，对他们呵斥或拳脚相加，完全没有看到妻子在抚养孩子和做家务上的巨大付出，使妻子因为不被理解不被关爱而充满怨恨和牢骚。在整个养育的过程中，爸爸没能尽到一个好丈夫、好父亲的职责。孤立无援的妈妈在不被尊重，不被理解的状态下，很容易产生消极情绪。

三　心理学知识缺乏，让妈妈意识不到自己的问题 ▶

宝宝的安全感大都来源于早期所处的稳定环境和可靠的依恋关系，尤其是妈妈能否足够好的照护，认同宝宝的需要。能否调节好自己的情绪，有能力和活力迎接宝宝的反抗和挑战。妈妈的可靠和情绪稳定，会使宝宝很有安全感，很自信。

相反，如果妈妈情绪不稳定，会让宝宝内心充满恐惧。这些恐惧让他们的心底留下了一道道或浅或深的伤痕。但是内心柔软的他们却会用善良一次又一次原谅妈妈。这就使得有些妈妈意识不到自己的错误。正是由于心理学知识的缺乏，使得这些妈妈不会考虑宝宝的内心感受，一次次犯错，一次次伤害到宝宝幼小的心灵。

建议

一 ▶ 爸爸爱妈妈，是妈妈幸福感和情绪稳定的基础

爸爸尊重理解妈妈为这个家庭的付出，满足妈妈的身心需求，经常赞赏妈妈的辛勤劳动，支持妈妈在家庭中的地位，允许、接纳妈妈偶尔的埋怨与小脾气，会让妈妈觉得自己是被爱的、被肯定的、有价值的，从而能身心愉悦地投入到照顾宝宝和各种繁杂的事务中，累并快乐着。同时，爸爸还要积极参与到家庭生活中，主动承担起自己的责任和使命，亲力亲为帮助妈妈处理一些家务。另外，还要增加亲子陪伴时间，因为，父亲在教育孩子方面有一个最有利的条件——孩子天生崇拜父亲。当爸爸经常和宝宝亲密接触时，宝宝会变得更有安全感、更自信。

二 ▶ 妈妈情绪稳定，是宝宝健康成长的有力保障

1—2岁宝宝最容易受妈妈情绪的影响，作为妈妈应围绕着

宝宝的需要进行养育工作；同时又要管理控制好自己的情绪，满足宝宝的情感依赖，为宝宝提供一个足够稳定、可靠的环境，使宝宝的人格健康发展。因此，在宝宝需要妈妈时，妈妈要在场；当宝宝不需要妈妈时，妈妈适时放手。在这个过程中，妈妈即不能把自己的需要强加在宝宝身上，也不能靠机械、僵化的知识和程序无情感交流地来进行。

（三）▶ **妈妈管理好情绪，有利于亲子之间信任感的建立**

妈妈的情绪和行为以及与家庭成员间的互动关系，宝宝都能觉察到，他会模仿妈妈的一举一动，并从中学习。妈妈可以在想要发脾气的时候，多做几次深呼吸，让自己离开宝宝的视线，待情绪缓和时，再回到宝宝身边，心平气和地与宝宝沟通交流，了解宝宝行为背后的原因，并一起去寻求解决问题的方法。这样，宝宝就不会有自己被讨厌的感觉，不会有不被爱的痛苦，亲子之间最重要、最基本的信任感也会建立。

（四）▶ **妈妈对宝宝说"对不起"，为宝宝树立榜样**

与宝宝长期生活在一起，不可能不发脾气，也可能会冤枉宝宝。如果妈妈做错了或委屈了宝宝，一定要有补救措施。首先要给宝宝一个拥抱，然后向宝宝道歉。妈妈的道歉行为，在潜移默化中促使宝宝形成对自己行为负责任的意识。

总之，妈妈情绪稳定对宝宝身心及人格发展起积极作用。每一个宝宝都是独立的个体，都具有他们自我发展的倾向性。虽然育儿的道路是艰辛的，可如果换一个角度，和宝宝共同成长时，妈妈会更了解自我和改变自我。这样一来，不经意之间就会发现原来自己也变得比之前更好了。

思考与应用

请妈妈静心想一想，现实生活中最能让自己感到身心放松和愉快的事情是什么？最让自己不能忍受的事情是什么？请把答案告诉丈夫，让他了解自己的内心感受。

第40课　扮演好家庭中的爸爸角色

作为父亲，你是否见证过宝宝的第一声啼哭、第一次微笑、迈出的第一步，自己吃的第一口饭？你是否分享过宝宝的喜怒哀乐？宝宝需要你的时候，你是否及时的出现？作为父亲，你是否了解自己在宝宝的成长中到底要扮演什么样的角色？让我们一起来探讨如何做个好爸爸。

案例

仔仔快2岁了，他的爸爸是一名曾经参与过维和任务的军人，与家人聚少离多，因此，他倍感珍惜和家人团聚的日子。每当爸爸回来，仔仔第一件事就是"爸爸举高高"。爸爸总是非常开心地抱起仔仔，慢慢地举过头顶，"仔仔长高啰，仔仔好厉害呀！"，还举着仔仔在头顶慢慢转圈，"仔仔坐飞机啰"。每次仔仔都会高兴地咯咯大笑，不断让爸爸重复高举的动作。一会儿又让爸爸和他玩骑大马、开汽车、躲猫猫等游戏，爸爸都高兴地满足仔仔的要求，父子俩在地上又爬、又跑、又滚，直到玩尽兴为止。每当看到父子俩其乐融融的样子，仔仔的妈妈也感受到满满得幸福。

分析 ▶

英国著名教育家斯宾塞说："父亲是孩子通往外部世界的引路人。在教育孩子的过程中，无论是性格培养，还是情感教育，无论是知识训练，还是道德品质的培养，父亲都会对孩子产生巨大的影响。"

一　爸爸的男性特征让宝宝体验到"特别"感 ▶

著名心理学家格迪说："父亲的出现是一种独特的存在，对培养宝宝有一种特别的力量。"

1岁之前，宝宝多是由妈妈照顾，1岁之后，爸爸对宝宝的陪伴会逐渐增多，相比较于妈妈，爸爸的身体更结实、更硬朗，声音更浑厚、更洪亮，这些都给宝宝带来不一样的感觉。特别是在与爸爸的游戏过程中，更能感受来自大幅度动作的刺激，这些是妈妈无法给到宝宝的。来自父母不同感觉的抚慰，满足了宝宝不同的需求，更有利于宝宝身心健康发展。

二　爸爸的教育方式给宝宝带来"新鲜"感 ▶

爸爸不受约束、不拘小节、大大咧咧的做事风格，使爸爸教育宝宝比妈妈更大胆。他们擅长与宝宝进行运动游戏和挑战活动，宝宝在爸爸的带领下一起运动，充足的运动可以让宝宝的身体得到锻炼，骨骼发育更加健康，更有利于促进大脑发育。1—2岁的宝宝正是大运动能力快速发展的时期，爸爸的独特教育方式让宝宝感到"新鲜"，有利于促进宝宝运动能力的发展。

三　爸爸的男性品质为宝宝树立性别"形象"感 ▶

性别教育在儿童发展中具有重要意义。宝宝在2岁左右个性逐渐萌芽发展，在性别角色形成的过程中模仿是非常有效的途径，最初是在家里模仿父母。

如果爸爸陪伴宝宝的时间较少，宝宝缺乏男性特征模仿对象，对于男性身上，如敢于冒险、善于竞争、独立、坚强等品质相对习得较少，致使许多宝宝心理发展不健全，形成了许多心理障碍，如怕吃苦、依赖性强、胆小怕事等。

四　爸爸的行为方式引发宝宝的"好奇"感 ▶······························

一般说，女性在语言表达、感知情感、细致耐心方面占优势，而男性在空间方位感、数学运用能力、逻辑推理能力、动手操作能力等方面占优势。因此爸爸在与宝宝的交流中，更多的是以行动来影响宝宝。

家庭中，对于日用品的修理、电子设备的组装使用、给鱼缸换水等事务，多是由爸爸来做，这些行为都会让宝宝感到好奇并产生兴趣，进而专注的观察与模仿，大大激发宝宝的探索欲望。对开阔宝宝的视野、发展认知能力与创造能力起着独特的作用。

总之，爸爸们应该清醒地认识到身为人父的责任之重大。

建议

爸爸应该积极参与到宝宝的教育中来，那么针对1—2岁的宝宝，爸爸应该怎么做呢？

一 ▶ 转变教育观念

要想做一名受宝宝欢迎的好爸爸，首先要从思想上、观念上转变自己对孩子教育的认识。许多父亲认为，我事业有成，用辛勤的汗水为家庭积累财富，为宝宝创造优越的生活条件，这样就是一个合格的父亲了。其实不然，宝宝不仅需要物质上地帮助，更需要精神上的支持，需要爸爸关怀他、帮助他、引导他，教他如何学习，如何做人，如何生存。在日常生活中，爸爸与妈妈共同培养宝宝，将更有利于宝宝健全人格的形成。

二▶ 增加陪伴时间

1—2岁的宝宝正处于对任何事物都感兴趣的阶段，对环境充满了好奇心。爸爸可以鼓励宝宝探究身边一切事物，比如和宝宝一起看一看，摸一摸路边的石头或植物，鼓励宝宝把小石头扔到水池里，看水面的变化。爸爸还可以和宝宝一起把玩具拆开，满足宝宝的好奇心，然后再和宝宝把玩具装好。爸爸允许宝宝观察自己用锤子、刀子等工具制作或修理东西，让宝宝从小形成探索这个多彩世界的愿望。爸爸可以减少生活中一些不必要的应酬，回归家庭，多一些时间陪伴宝宝。和宝宝一起读书讲故事，和宝宝一起玩游戏或骑扭扭车，和宝宝一起听音乐唱儿歌，和宝宝一起旅行看大海听海浪的声音，和宝宝一起爬山摘果子，和宝宝一起趴在草地上寻找蜗牛或研究小蚂蚁，和宝宝一起观察小花儿和小草。爸爸与宝宝快乐地互动，也会让这个家庭充满欢乐和幸福。

三▶ 提高沟通能力

许多父亲觉得宝宝很小，既没有自己的思想，也不会表达自己的想法，家长与他们交流起来很困难。其实对于1岁多的宝宝来说，他们已经有非常强的表达欲望与表达能力，这种表达不一定非得通过语言来实现，一个眼神、一个动作都是在传递信息，关键是家长能不能理解宝宝的意图。要想提高与宝宝沟通的能力，需要耐心陪伴，细心观察，经常互动和尝试，在实践中提高，捷径是没有的。

四 ▶ 培养游戏兴趣

1—2岁的宝宝大运动发展迅速，从走到跑甚至会跳了。爸爸可以经常陪同宝宝去公园、游乐场、大自然等地方来开阔宝宝的视野，通过和宝宝做一些跑、跳、爬、攀登等趣味性游戏来满足宝宝运动的需要。

宝宝们喜欢被爸爸高高举起，在高处旋转的动作，喜欢骑在爸爸身上玩，喜欢躲猫猫，身心愉悦的游戏对宝宝形成开朗大方的性格非常有帮助。在爸爸的带动下去做冒险、挑战的事情，让宝宝体验冒险的成功感和新鲜感，从而培养宝宝自信大胆、做事独立、喜欢挑战的好品质。

五 ▶ 提高教养水平

要想提高自己的育儿水平，多看育儿书籍是一方面，多在实践中总结经验也非常关键。必竟一个孩子一个样，书上的方法可以做参考，遇到具体问题还得具体分析，重点是了解自家宝宝的特点。如遇到总爱唱反调的宝宝，家长就可以遇事反着说。如想让宝宝喝水，家长就可以把水瓶子拿到宝宝面前，嘴里说："宝宝别喝水啊"。宝宝一听，反而拿过水瓶把水喝了，家长的目的就达到了。

总之，父爱是任何人都取代不了的爱。要想成为一个好爸爸，让宝宝成长的过程中充满恒久而温暖的记忆，做爸爸的就要拿出耐心投入而专注地陪伴宝宝。在陪宝宝长大的过程中，也是思考自我成长的过程。这个温暖的过程受益的不仅仅是宝宝，爸爸从中也会受益良多。

思考与应用

妈妈的拥抱是温柔且软绵绵的，有时宝宝也希望被人紧紧地抱在怀里的感觉，这种踏实而有力的拥抱会给宝宝带来力量和安全感，爸爸能每天给宝宝一个这样的拥抱吗？

第41课　共享家庭幸福时光

　　1—2岁正是宝宝和家长建立安全型依恋关系的关键时刻，更需要家长在陪伴中了解他们的需求，发现他们的情绪变化。家长和宝宝可以充分利用晚饭后的时间进行丰富的亲子活动，建立良好的亲子关系。

案 例

　　案例1：晚饭后样样的家长总喜欢坐在沙发上刷朋友圈、看抖音、聊天，来缓解上班一天后的紧张情绪，每次看到家长看手机，样样都会凑上来："妈妈，我也看。"看着看着，手机就到了样样的手里。因为每次看手机和平板电脑的时候宝宝都不哭不闹，非常专心，所以家长也"懒"的管她。久而久之，样样养成了看手机的习惯。每天她都会问家长要手机、平板电脑，如果不给她就会发脾气，甚至又哭又闹，家长只好妥协。家长虽然知道总看手机不好，但再想不让她玩手机，已经非常困难了。

　　案例2：琪琪是个喜欢运动的小朋友，每天吃完晚饭就让家长陪她出去"溜达溜达"。在外出散步的路上，琪琪时而跑到绿化带中"穿越丛林"，抑或是在小河边往河里扔石子，有时还模仿散步的老人把手背到后面走路。每次散步一家人都非常开心。家长觉得这是一件美好的事情，不仅锻炼了宝宝的身体，还让她欣赏到了各种美景，家长也能在散步中得到放松。散步回家后，琪琪还会邀请家长一起进行其他活动，比如捏彩泥、画画、玩玩具、看书等，在这个过程中，琪琪也学会了许多新本领。

分析 ▶

一　"哄娃神器"要不得 ▶

当今社会有些家庭中出现了"手机宝宝"现象，手机、平板电脑等各类电子产品成了"哄娃神器"。当宝宝出现不吃饭、不睡觉、哭闹不听话，或是家长忙了，累了就用一个手机解决问题。宝宝似乎不需要家长的陪伴了，可是这些电子产品对宝宝以后身心发展产生的影响，又会让家长更加头疼。

1岁多的宝宝已经有了很强的模仿能力，无论是家长的语言、动作还是表情、态度，他们都会看在眼里，并进行模仿。宝宝就如同一面镜子，他们的行为是家长平时行为的映射，因此案例1中当家长在看手机时，宝宝会出于好奇表现出最初的兴趣，而随着次数的增加，他们就会通过观察模仿家长的样子学会运用这些电子产品。而家长为了图省心或者安抚宝宝，主动把电子产品给他们，又巩固了他们的这一行为，使他们对电子产品变得更加依赖，从而失去了与家长建立亲密关系的机会。

二　让"亲子时光"成为日常生活中的重要组成部分 ▶

案例2中琪琪小朋友的家长利用晚饭后的时光，全家人一起其乐融融地散步、玩游戏，既有良好的陪伴方式又有良好的陪伴态度。在这样全身心投入的陪伴中，家长和宝宝的感情得以增进，从而让琪琪和家长之间建立了安全型的依恋关系。安全型依恋关系更有利于宝宝积极的探索世界，更好地与人交往。

可以说，再多的玩具都不能让宝宝感受到爱的温度，再多的美食都不能给宝宝提供情感上的营养，任何物质补偿都替代不了陪伴。相信通过案例1和案例2的比较，家长能够判断出什么样的养育方式更有利于宝宝的健康成长。

建议

　　亲子陪伴是家长陪同宝宝做适合他年龄发展需求的事情，通过与宝宝互动，不断反思自己，实现家长的自我成长。这个阶段的亲子陪伴形式主要有亲子游戏、亲子共读和亲子户外游戏，家长可以选择适当的形式陪伴宝宝健康成长。

一 ▶ 亲子游戏

1. 身体接触类游戏

对宝宝来说，家长的身体就是他们最好的玩具，哪怕只是和爸爸妈妈在床上滚来滚去，都是好玩至极的。这些亲密的游戏不仅能锻炼宝宝的肢体协调能力和肌肉力量，更能增进亲子间的感情。

爸爸比较有力量，可以和宝宝玩"坐飞机"的游戏。宝宝跨坐在爸爸的肩上，爸爸双手扶住宝宝，告诉宝宝"飞机要起飞了"，爸爸缓缓起身；"飞机要降落了"，爸爸缓缓蹲下。爸爸还可以通过加快步伐、放慢步伐，拐弯等，让宝宝感受速度的变化和身体的方向。

妈妈力气小，可以和宝宝玩翻山越岭的游戏，妈妈躺在垫子上或床上，让宝宝从妈妈的身体上爬过来爬过去，这样的身体接触会让宝宝非常开心。

2. 操作类游戏

1岁多的宝宝迎来了动作敏感期，一些动手游戏也会让他们非常开心。

捞皮筋游戏：准备一小盆水，把各种颜色的皮筋倒入水中，让宝宝用筷子把皮筋捞出。

涂鸦游戏：为宝宝准备彩笔和大一些的纸张，任其天马行空地涂鸦。当需要互动时宝宝会主动示意家长的，那时家长及时给予肯定和赞扬即可，得到鼓励的宝宝会更有兴趣地画下去。

3. 表演类游戏

随着身体运动能力和语言表达能力的发展，宝宝的社会性交往也会变得越来越复杂。对于1—2岁的宝宝而言，亲子交往是其社会性发展的主要内容。良好的亲子关系，也有助于宝宝形成自信开朗的性格。

打电话游戏：和宝宝一起玩打电话的游戏，一定要用简单明了的语言并结合宝宝熟悉的事情来说，而且一定要耐心听完宝宝的讲话，鼓励宝宝多说。

角色扮演：玩娃娃家的游戏，从宝宝熟悉的环境入手，不断增加游戏情节，或者转换扮演的角色。比如今天的主题是做饭，下一次可以把主题换成购物。当然对处于秩序敏感期的他们，完全可以在游戏之后请他们和你一起收拾玩具。

二　亲子共读

1—2岁是宝宝语言发展的第一个敏感期，从说出单个词逐渐发展到使用词组，再到模仿语法规则，他们会经历一个缓慢增长到爆发的过程。因此家长可以抓住这一时期和宝宝多进行一些跟阅读有关的活动。

听书和看书：给宝宝讲故事、读诗、念童谣，和宝宝一起读绘本。这里强调不要用电子产品代替家长。听家长讲，宝宝可以随时提问，和家长进行表情、动作的互动，更有利于新词汇、新句子的学习。

演书：比如和宝宝读《猜猜我有多爱你》这本书时，将书中的大小兔子换成家长和宝宝。当读到"我的手举得多高我就有多爱你""我跳得多高就有多爱你"时，家长可以和宝宝一起把这些有趣的对白演出来。

三　亲子户外活动

随着宝宝年龄的增长，他们已经不满足于整天待在家中，外面的世界对他们更有吸引性和挑战性。家长不妨晚饭后和宝宝一起散步，或陪宝宝到游乐场玩耍，不仅锻炼宝宝的体能，也为宝宝的社会交往提供机会。

总之，家长可以将晚饭后的时间充分利用起来，多陪伴宝宝，和宝宝建立安全的依恋关系，促进宝宝的健康成长。

思考与应用

1. 晚饭后，和宝宝一起外出散步，找出宝宝最喜欢玩的地方，发现宝宝最喜欢玩的游戏，记录下来。

2. 请设计一个适合爸爸和宝宝一起参与的亲子活动。

附录

1—2岁宝宝心理发展特征

<table>
<tr><td rowspan="2">感知觉</td><td>视觉</td><td>1岁半时视力约为0.4，2—3岁视力约为0.5—0.6。</td></tr>
<tr><td>听觉</td><td>1—2岁宝宝的听觉已接近成人水平。</td></tr>
<tr><td colspan="2">记忆</td><td>1岁以后，产生了符号表象记忆（表象指过去感知而当前没有作用于感觉器官的事物在头脑中出现的形象）；1岁左右，宝宝的短时记忆能保持5秒，1岁半时，因为语言的急速发展，短时记忆反而有缩短的趋势；1—2岁的宝宝初步表现出回忆能力，1岁左右能回忆几天或十几天前的事情，2岁左右可以保持几个星期前的事情。</td></tr>
<tr><td colspan="2">注意</td><td>1岁以后，第二信号系统特征开始制约、影响宝宝的注意活动。此时，宝宝也开始出现被动的反应性联合注意（指宝宝根据他人的注视和姿势而注意同一个物体），对有趣的事物也能够主动发起联合注意（指宝宝利用自己的姿势、眼睛接触使他人注意某个物体、事件或者他们自己）。</td></tr>
<tr><td colspan="2">想象</td><td>1—2岁的宝宝，由于经验的缺乏，且言语发展较差，只有想象的萌芽，实际上是一种生动的重现。例如，当宝宝拿到布娃娃的时候，就给布娃娃"穿"衣服、"喂"东西，这时在宝宝的头脑里重现成人给自己穿衣或喂食的情景。</td></tr>
<tr><td colspan="2">思维</td><td>1. 以直觉行动性思维为主，即在行动过程中进行思维；能够在偶然中发现新的方法，开始探索达到目的的手段。
2. 数概念：对物体大小或多少具有模糊认识。比如，1岁半至2岁的宝宝，有些还不太会讲话，但知道伸手去抓数量多的糖果或大的苹果。
3. 从1岁开始，孩子操作物体的能力逐步发展起来，开始进行各种游戏活动。18—24个月左右，出现延迟模仿能力，既发生在言语方面，也发生在动作方面。</td></tr>
</table>

续表

言语	词汇	12—15个月时，平均每个月掌握1—3个新词；随后，宝宝掌握新词的速度显著加快，19个月时已能说出约50个词；此后，宝宝掌握新词的速度进一步加快，平均每个月掌握25个新词，19—21个月时出现，"词语爆炸"现象。
	语法	1岁—1岁半，宝宝主要以单词句为主；1岁半—2岁半，宝宝可以说出包含2个词或3个词的"电报句"；20—30个月是宝宝基本掌握语法的关键期。
情绪		1. 基本特点：1—2岁的宝宝产生自我意识情绪，也叫自我意识评价情绪，是比基本情绪更加复杂的一类情绪，包括尴尬、自豪、羞耻和内疚等，是对自我逐渐产生认知，形成自我表征，并通过自我评价或他人评价而产生的情绪。 2. 情绪理解：1岁左右，宝宝开始理解他人的积极和消极情绪，同时能够对他人的情绪做出反应；1—2岁，宝宝的情绪理解能力得到迅速发展。
自我意识		12—15个月：能够区分自己做的动作和他人做的动作，对自己的镜像与自己的动作之间的联系和关系有了清楚的觉知，能够把自己与他人分开。 15—18个月：开始把自己作为客体来认识，对主体某些特征有了认识。 18—24个月：具有用语言标示自我的能力，能够使用代词"我"、"你"标示自我与他人。
社会性		2岁左右，亲社会行为开始萌芽。
依恋		处在特殊的情感联结阶段（6个月到2岁），从6个月起，宝宝对母亲的存在更加关切，特别愿意与母亲在一起，与她在一起时特别高兴，而当她离开时则哭喊。

参考文献

［1］北京师范大学家庭教育课题组编.1岁孩子 1岁父母.北京：现代教育出版社，2017.

［2］尹亚楠，吴永和.蒙台梭利家庭方案.杭州：浙江教育出版社，2018.

［3］孙瑞雪.捕捉儿童敏感期.北京：中国妇女出版社，2013.

［4］张卫东，陶红亮.宝宝心语了解1—2岁宝宝的内心世界.北京：电子工业出版社，2014.

［5］周兢.早期阅读发展与教育研究.北京：教育科学出版社，2007.

［6］王擎天.你的一岁宝宝：满怀期待而又可爱的年龄.北京：中国纺织出版社，2006.

［7］水淼.读懂宝宝的敏感期——让宝宝走好第一步.北京：中国铁道出版社，2017.

［8］朱永新，孙云晓，李燕主编.这样爱你刚刚好，我的1—2岁孩子.长沙：湖南教育出版社，2017.

［9］《0—6岁儿童心理发展与家庭教育指导手册》课题组编.原来孩子这样成长.北京：北京出版集团公司北京出版社，2016

［10］马克·维斯布朗.婴幼儿睡眠圣经（升级修订版）.南宁：广西科学技术出版社，2016.

［11］陈鲁.0—6岁A+育儿法.海口：南海出版公司，2017.

［12］吴晓辉.0—6岁敏感期影响宝宝一生.北京：中国纺织出版社，2018.

［13］刘新学，唐雪梅. 学前心理学. 北京：北京师范大学出版社，2014.

［14］李宇明. 儿童语言的发展. 华中师范大学出版社，1995.

［15］孟昭兰. 婴儿心理学. 北京：北京大学出版社，2003.

［16］安淑芳，修涛. 做个好家长，是你一生最大的成就. 北京：北京理工大学出版社，2016.

［17］孙瑞雪. 爱和自由. 北京：中国妇女出版社，2013.

［18］陈帼眉. 学前教育学. 北京：人民教育出版社，2009.

［19］刘美芳. 你其实不懂儿童心理学. 北京：北京理工大学出版社，2018.

［20］云香. 孩子的成长 妈妈的修行. 北京：北京理工大学出版社，2017.

［21］李钊. 和宝宝一起涂鸦. 南宁：广西科学技术出版社，2013.

［22］东方爱婴母婴研究中心. 东方爱婴互动成长方案22—24个月. 北京：中国友谊出版公司，2009.

［23］鲍秀兰等. 0—3岁：儿童最佳的人生开端. 北京：中国发展出版社，2005.

［24］马少槟. 轻松应对孩子孩子的问题. 广州：广东人民出版社，2018.

［25］陈鹤琴. 家庭教育–怎样做父母. 北京：教育科学出版社，1994.

［26］张民生. 0—3婴幼儿早期关心与发展的研究. 上海：上海科技教育出版社，2007.

［27］丁连信. 学前儿童家庭教育. 北京科学出版社，2007.

［28］桑标. 当代儿童发展心理学. 上海：上海教育出版社，2010.

［29］赵忠心. 家庭教育学. 北京：人民教育出版社，1994.

［30］李丹主编. 儿童发展心理学. 上海：华东师大出版社，1987.

［31］林崇德. 发展心理学. 杭州：浙江教育出版社，2002.

〔32〕〔美〕罗伯特S.费乐德曼.儿童发展心理学.苏彦捷，等，译.北京：机械工业出版社，2019.

〔33〕〔美〕路易丝·埃姆斯，弗兰西斯·伊尔克，卡罗尔·哈柏.你的1岁孩子.崔运帷，译.北京：北京联合出版社，2018.

〔34〕〔美〕尼尔森，欧文，达菲.0—3岁宝宝的正面管教.花莹莹，译.北京：北京联合出版公司，2015.

〔35〕〔美〕理查德·格里格，菲利普·津巴多.心理学与生活.王垒，王甦，等，译.北京：人民邮电出版社，2016.

〔36〕〔美〕路易斯·埃姆斯，弗兰西斯·伊尔克.你的2岁孩子.崔运帷，译.南昌：江西科学技术出版社，2012.

〔37〕〔意〕蒙台梭利.蒙台梭利敏感期早教手册.张丽，孙丽娟，译.北京：北京理工大学出版社，2017.

〔38〕〔美〕凯瑟琳·史塔生·伯格尔.0—12岁儿童心理学.陈会昌，译.北京：中国轻工业出版社，2016.

〔39〕〔美〕Debby Cryer，Thelma Harms，Beth Bourland.1—2岁幼儿学习活动指导手册.骆效瑜，刘蓉慧，译.上海：少年儿童出版社，2006.

〔40〕〔美〕海姆·G.吉诺特.宝宝，把你的手给我.北京：京华出版社，2004.

〔41〕〔美〕简·尼尔森.正面管教.玉冰，译.北京：北京联合出版公司，2016.

〔42〕〔意〕蒙台梭利.蒙台梭利早教方案.齐开霞，译.北京：北京北京理工大学出版社，2013.

〔43〕〔美〕伯顿·L.怀特.从出生到3岁.宋苗，译.北京：北京联合出版公司，2016.

〔44〕〔日〕鸟居昭美.培养宝宝从画画开始.于群，译.桂林：漓江出版社，2010.

〔45〕〔美〕丹尼尔·西格尔，蒂娜·佩恩·布莱森.全脑教养法.周

玥，李硕，译.北京：北京联合出版社，2017.

[46][美]罗娜·雷纳.不吼不叫：如何平静地让孩子孩子与父母合作.钟煜，译.上海：上海社会科学院出版社，2016.

[47][美]琳·洛特，简·尼尔森.正面管教家长培训师指南.PDCA教材编译组，编译.北京：中国妇女出版社，2013.

[48]周兢.国外关于亲子分享阅读及其影响的研究综述.学前教育研究，2007（3）.

[49]余燕.系列游戏助跳跃.宝宝教育，2009（24）.

[50]宋海燕.浅谈如何提升宝宝的跳跃能力.学周刊，2015-07-05.

[51]王明辉.运动性游戏课程对学前宝宝体质发展的影响研究.吉林体育学院，2015.

[52]王亚珺.如何培养孩子的专注力.早期教育（家庭教育），2018（11）.

[53][美]斯科特·考夫曼.异想，天开.黄珏苹，译.北京：中信出版集团，2016.

[54]周先龙.家庭中0—3岁婴幼儿语言能力培养浅析，当代学前教育，2008（1）.

[55]孙延永，孙超.家庭环境对0—3岁幼儿语言发展影响的个案研究.合肥师范学院学报，2019（3）.

[56]赵淑华.在绘本阅读中促进幼儿语言发展.北京教育，2014（10）.

[57]郑春梅.责任感是怎样培养起来的.学前教育研究，2001（04）.

[58]李雨蒙.解读玛格达·格伯婴幼儿教养理论.教育与教学研究，2018（09）.

[59]胡汝基.0—1岁宝宝养育要点.教育导刊.幼儿教育，2004（6）.

[60]何娉婷.0—3岁婴幼儿亲子教育父亲参与的现状及问题分析——以重庆市沙坪坝区为例.重庆师范大学，2014.

［61］吴秀兰，邬穗萍.浅析教育电子产品对儿童身心发展的影响.萍乡高等专科学校学报，2014（10）.

［62］杜召荣.家庭教育与孩子性格的培养.科教文汇，2009（02）.

［63］席广辉.家庭教育是丰富多彩的.家庭与家教，2002（07）.

［64］付崇苗.浅析家庭环境对儿童心理健康的影响.科技信息，2007（02）.

［65］印小青.家庭教养方式与儿童发展关系研究综述.学前教育研究，2004（10）.

［66］严孝芝.浅谈家庭教养方式与儿童社会化阿坝师范高等专科学校学报，2007（S1）.

［67］陈兰萍.性格塑造在家庭教育中的地位.青海民族学院学报（社会科学版），1998（03）.

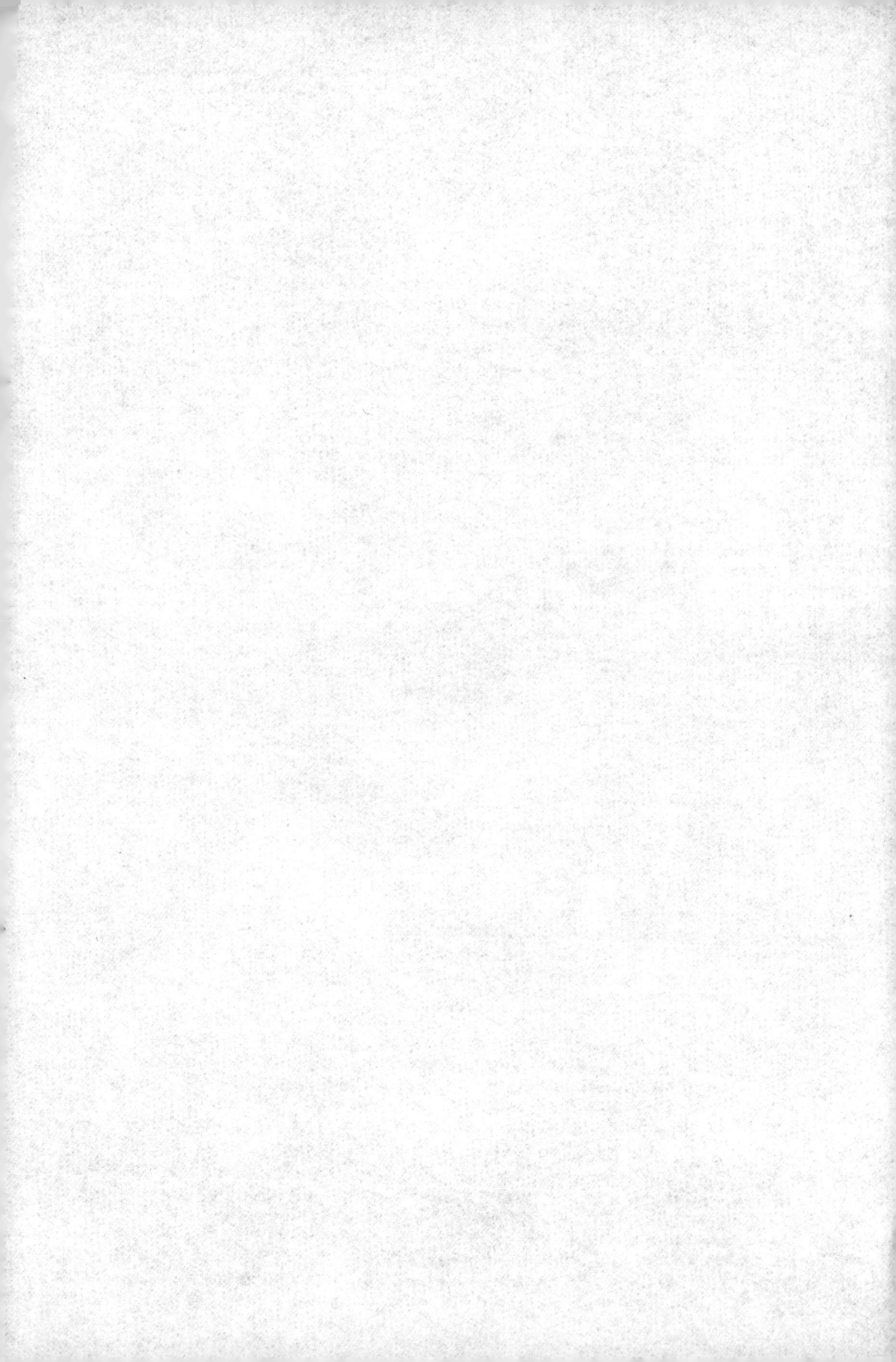